SUPPLÉMENT

AU

CATALOGUE DE LA COLLECTION

DE

FERDINAND REIBER

PIÈCES NON ALSATIQUES

SUPPLÉMENT

AU

CATALOGUE DE LA COLLECTION

DE

FERDINAND REIBER

PIÈCES NON ALSATIQUES

ESTAMPES.

VUES.

7532. Bade. Vues diverses. Lith. n. s. Lég. franç. et all. 8 pl.,
p. in-4º obl., à grandes marges.

7533. — Vue d'ensemble. Méd. ov. obl. Grav. sur acier, n. s., à
grandes marges.

7534. — « Coucher du soleil, vu des Rochers ». *R. de Herzer del.
Blanchard lith.* Imp. Lemercier, Paris. Fond teinté, in-fº obl.,
avec marges.

7535. — Vues diverses de Bade et environs. Lith. en couleurs. Lith.
F. M. Reichel à Bade. 2 pl., in-8º obl.

7536. — Vue et plans de l'ancien collège des Jésuites (établissement
de bains) en 1823. Lith., gr. in-4º.

7537. Baden, Ober-. Vue panoramique. Monogr. *D. K.* (Pl. de S.
Munster « *Cosmographia* »). Grav. sur bois, in-fº obl.

7538. — « Badense oppidum, vulgo Ober-Badenn ». Grav. sur cuivre
ancienne, p. in-fº obl.

7539. Bâle. Vue d'ensemble in-fº obl., en-tête d'un certificat d'ouvrier
(Gesellenbrief), 1803. Zu finden in Basel bey Chr. von
Mechel, etc., gr. in-fº obl.

7540. Burgheim, près de Brisac. *Gez. v. R. Höfle, Stahlst. von J.
Umbach,* in-8º obl.

7541. Buxheim, couvent de. Stalles de l'église. 2 photogr. in-4º.

7542. Carlsruhe. Vue d'ensemble. En-tête de certificats d'ouvriers
(Gesellenbrief). *Wolf sculp. Mannh. J. N. Fischer delin.
M. Contgen sc. Mog.* 2 pl., in-fº obl., à toutes marges.

7543. — Vue d'ensemble et vues du grand-duché de Bade. Certificat
d'ouvrier (Gesellenbrief). *Gest. v. Franz Wolff in Mannh.,*
gr. in-fº, à toutes marges.

7544. Châlons, camp de. Travaux exécutés en 1858. Constructions économiques — Oppermann et Cie. Lith. Imp. Caillet, Paris. Fond teinté, gr. in-f° obl.

7545. Constantine. *A. De la Mare del. Ch. Lalaisse sc.* (Pl. de «*Exploration scientifique de l'Algérie*»). Grav. sur acier. 2 pl., in-f° et in-f° obl.

7546. Dhaun, Schloss. Vue d'ensemble. *C. u. F. Wiessner del.* Stahlstich v. Carl Mayer's K.-A. in Nürnberg. Grav. sur acier, in-8° obl., avec marges.

7547. — Id. *Verhas pinx. H. Winkles sculps.* Grav. sur acier, in-8° obl.

7548. — Id. *A. Demarle del. 1867. P. U. sc.* (Épreuve de Lehr «*l'Alsace noble*»). Grav. en relief sur cuivre, in-12 obl.

7549. — Burgthor. *C. Wiessner del.* Grav. sur acier, av. encadr., in-8°.

7550. «Fribourg assiégé en 1713». Vue panoramique, in-8° obl., av. marges.

7551. Siège de Fribourg en 1744. Plan cavalier. Lég. all., in-f° obl.

7552. «Freiburger Münster». Cathédrale. *Nach Daguerre aufgen. gez. und auf Stahl gest. von H. Worms*, in-f°, à toutes marges.

7553. Gross-Roop, château de. Demeure de la famille de Rosen. Photogr. d'ap. une peinture à l'huile, p. in-4°. Av. notice hist. manuscr. au verso.

7554. Heidelberg. Vue d'ensemble. *J. Ruff sculp.* Grav. au lavis, in-12 obl , en-tête d'une feuille de pap. à lettres, gr. in-4°.

7555. — Vues du château. *Dessiné par Ch. de Graimberg, 1822. Mis en perspective par T. A. Léger. Gravé par Lemaître.* Grav. sur acier. 9 vues, in-12 sur une feuille, gr. in-f° obl., av. marges.

7556. — Id. (Le château avant sa destruction, 1689, la cour du château, la tour fendue). Grav. sur acier. 3 pl., in-8° obl., et in-8°.

7557. — Château de Heidelberg. Lith. Th. Siegfried, in-16 obl.

7558. Höhingen, Prospect des Hauses und Schloss, im Breysgaw gelegen (*Merian*), in-f° obl.

7559. Horneck, vue ancienne du château, in-12 obl.

7560. Kirn, vue du château. *A. Demarle del. P. U. sc.* (Épreuve de Lehr «*l'Alsace noble*»). Grav. en relief sur cuivre, in-12 obl.

7561. Landau. Vue panoramique. *W. S. 1547.* Grav. sur bois (Pl. de S. Münster « *Cosmographia* »), in-f⁰ obl., monté.

7562. Landeck, château de. *T. M. Ring p. nat. Lith. par Bichebois. Lith. Engelmann,* in-f⁰ obl., à grandes marges.

7563. La Rochelle. Les Bains Jaguenaud, 1853. *L. d'Hastrel pinx.* (Pl. de « *l'Album d'artiste* »). Lith. Fond teinté, in-f⁰ obl., à toutes marges.

7564. Lierville, près d'Orléans, château de. Vue d'ensemble et vue de la chapelle. *Delarue del. d'Hastrel et Sorrieu l'h.* Imp. Lemercier, Paris. Fonds teintés. 2 pl. p. in-f⁰ obl. et p. in-f⁰, à toutes marges.

7565. Lille, les Fastes de. Kermesse 20 Juin 1852. *Ad. d'Hastrel pinx. Henry Emy lith.* (Pl. de « *l'Album d'Hastrel* »). Fond teinté, in-f⁰ obl., à toutes marges.

7566. Marsal, Moyenvic et Vic, Carte du gouvernement de. Grav. ancienne, p. in-8⁰ obl., avec marges.

7567. Mayence. Vue d'ensemble. « Von der Statt Mentz, sampt ihrer Contrafehtung ». Grav. sur bois, tirée d'un livre all. anç., in-4⁰.

7568. Mennigsreden, das Kloster, im Territorium Coburg. *C. B. S. f. 1791.* Grav. color., in-f⁰ obl.

7569. Metz. Plan de la ville et du siège de 1551 (Pl. de S. Münster « *Cosmographia* »). Grav. sur bois. Lég. all., gr. in-8⁰.

7570. — Vue générale (panoramique) prise de la gare (Porte Serpenoise) (Pl. d'un journal illustré). Grav. sur bois, p. in-f⁰ obl.

7571. — Deutsches Thor. Dess. par *R. Assmus. A. Carl sc.* (Pl. de Stieler « *Bilder aus Elsass-Lothringen* »). Grav. sur bois, in-8⁰.

7572. — Partie intérieure (coupe) du grand magasin. *Par C. Chastillon,* in-4⁰ obl.

7573. Mödling, aus (bei Wien). *Orig.-Rad. v. B. Mannfeld.* Druck v. O. Felsing. Berlin. Eau-forte, in-8⁰, à très gr. marges.

7574. Monaco, vues de. Grav. sur acier. 2 pl. in-8⁰ obl. et p. in-12 obl.

7575. Montbéliard. Vue du château. *A. Demarle 1867* (Épreuve de Lehr « *l'Alsace noble* »). Grav. en relief sur cuivre, in-12 obl.

7576. — Château et gare. *E. Barbier del. et lith.* Lith. H. Barbier Montbéliard. Fond teinté, in-f⁰ obl.

7577. Moyenvic. Plan de la ville et des fortifications. Grav. ancienne, p. in-8⁰ obl., avec marges.

7578. Nassau, von der Morgenseite. *L. Rohbock. del. L. Thümling sculp.* Grav. sur acier, in-8° obl.

7579. Neuburg, Stift. Dessin au crayon, n. s., in-4°.

7580. Offenbourg. Monument de Drake, par Friederich. Lith. avant la lettre, in-4°, sur feuille gr. in-f°.

7581. Ortenberg. Im Kinziger-Thal. Vue des ruines. Eau-forte *(Imlin ?)*, in-8° obl., à toutes marges.

7582. — Schloss, in der Ortenau. *Gez. v. G. A. Müller. Stahlst. von J. Poppel.* Imp. Lange Darmstadt. Grav. sur acier, in-8° obl.

7583. — Id. *J. Kirchner fc. Offenburg, 1841.* Lith., p. in-12 obl.

7584. Paris. Église Notre-Dame. Photolith., in-8°, à gr. marges.

7585. — « Vue d'un Pavillon à côté de l'Arcenal de Paris ». Au verso : « Vue de Venvres ». *Dessiné d'après nat. par Lentara.* A Paris chez Mondhare et Jean. Grav. imp. en sanguine, p. in-8° obl.

7586. — Environs : « Le Chasteau de Peray près Corbeil... ». « Veue de Halfort de dessus le pont de Charanton ». « Veue du parterre de la maison de Mons. de Seue Abbé de l'Isle à Issy ». « Veue du Chasteau et Village d'Estiolle près Corbeil ». *A. B. Flamen in. et fe.* 4 pl., in-8°, mont.

7587. Petersthal, vers 1700. Vue panoramique. « Eygentlicher Contrafettischer Abryss Santt Petters thalerischen Saurbrunnens und dessen Gelegenheytt ». Grav. in-f° obl. sur une feuille av. titre d'une notice (Kurtze Summarische doch eigentliche Verzeichnus...) sur les bains de Petersthal et Griesbach par Georg. Graseccius, méd. de plusieurs hôpitaux à Strasbourg, in-f° obl. Déchirure au bas.

7588. Pontoise, Hôtel-Dieu et château de. *Ad. d'Hastrel pinx. et lith.* (Pl. de « *l'Album d'artiste* »). Fond teinté, in-f° obl., à toutes marges.

7589. Rheingrafenstein, vue du. *H. F. Kauffmann del. Engraved on Steel by A. H. Payne.* Av. encadr., in-8° obl., avec marges.

7590. Rippoldsau. Plan. « Grundriss des Rippoldsauer Sauerbrunnens. *Marq. Wocher f. 1794,* in-8° dble obl., avec marges.

7591. — Vue des bains. *Gassner pinx. J. Schütz. lith.* Lith. Stiehle Carlsruhe. Sur Chine, in-12 obl.

7592. — Vue intérieure. Lith. v. E. Kaufmann in Lahr. Fond teinté, in-8° obl., à gr. marges.

7593. Rome. « Von den Kaiserpalästen » (« *Skizzen und Bilder aus Rom u. der Umgegend* »). Lith. Fond teinté, in-f⁰ obl. av. marges.

7594. Saar-Louis. Ville forte nouvelle, bastie par le Roy. Plan. **Lég.** franç., **gr. in-4⁰, avec marges.**

7595. Sables d'Olonne. Hôtel et plage des bains, Salons de bal et de réunion. *Ad. d'Hastrel lith. 1852.* Fonds teintés. 2 pl. p. in-f⁰ obl., à toutes marges.

7596. Ste-Pierre, près St-Sauveur, ruines de. *F. Dandiran 1836.* Lith. Mialhe f. Paris, in-f⁰ obl.

7597. « Sarbruck. Des Hoch fürstlich nassauische Residenz Schloss an der Sar ». *G. Bodenehr fec. et exc.* A. V., in-4⁰ obl., mont.

7598. Sarreguemines. Vue générale de la fayencerie. **Dess. par** *Perrin.* Lith. avec encadr., gr. in-8⁰ obl.

7599. — Id. Lith. Avant la lettre, in-8⁰ obl., avec marges.

7600. Sasbach. Monument de Turenne. *Dessiné d'après nature et sur pierre par J. Guérin.* Impr. lith. de Simon père et fils, p. in-f⁰.

7601. — Id. *Lith. par Sandmann* (Pl. de « *l'Album alsacien* »), in-8⁰ obl., à toutes marges.

7602. — Id. (Pl. de « *Karlsruher Unterhaltungs-blatt, 1829* »). Lith., gr. in-8⁰. Avec notice historique.

7603. Schleiden, vue ancienne du château de. La lég. coupée, p. in-8⁰ obl.

7604. Strassburg. En Prusse. Grav. ancienne, in-4⁰.

7605. Suisse, vues de. Altdorf, Attinghausen, Canton-Uri, Constanz, Engelberg, Glacier de Gorner, Hermitage au Ranft, Lacs des 4 cantons, Maison de Walter Fürst, Pierre à voire, Rütli, St. Moritz, Seelisberg, Heinen, Treib. *C. Huber del. et sc.* (Constanz, *K. Corradi del. H. Zollinger sc.* (Druck und Verlag v. Chr. Krüsi Basel. Grav. sur cuivre. 15 pl. p. in-f⁰, à toutes marges.

7606. Tebessa, plan de et ruines d'un temple romain. *Levé au Camp de Oued Mehairis le 12 Juin 1842. Signé le capit. d'État-Major Dieu.* Lith., gr. in-f⁰ obl., à toutes marges.

7607. Thionville. Carte du gowernement de Theonuille. **Lég. franç.,** p. in-8⁰ obl., avec marges.

7608. — Plan des fortifications au **XVII**ᵉ siècle, p. in-4⁰ obl., **avec** marges.

7609. Tours, la Bergeonnerie près. En 1836. *Ad. d'Hastrel lith.* (Pl. de « *l'Album d'artiste* »). Fond teinté, p. in-fᵒ obl., à toutes marges.

7610. Tryberg. Marktplatz. Lith. v. B. Herder, gr. in-4ᵒ, à toutes marges.

7611. Vallérysthal. Vue générale. Lith. E. Simon. Fond teinté, gr. in-8ᵒ obl., à toutes marges.

7612. — Verreries. *E. Haberer.* Lith. Hubert et Haberer. Imp. en bistre. Fond teinté, in-fᵒ obl., à toutes marges.

7613. Vic. Plan des fortifications, p. in-8ᵒ obl., avec marges.

7614. Vieux-Brisac. Vue d'ensemble. *Gez. v. R. Höfle. Stahlst. v. L. Rohbock.* Grav. sur acier, in-8ᵒ obl.

7615. Wartbourg. Vue intérieure de la chapelle. Lith., in-12 obl.

7616. Wildenstein et Werenwaag. Vallée du Danube. Lith., gr. in-4ᵒ obl.

7617. Willenberg, Vue ancienne du château. Lég. lat., p. in-8ᵒ obl.

7618. Zähringen, bei Freiburg, Schloss. *Gez. v. R. Höfle. Stahlst. v. F. Foltz.* Grav. sur acier, in-8ᵒ obl.

7619. « Vues pittoresques des vieux Châteaux de l'Allemagne. Le Grand-Duché de Bade; d'après les Dessins originaux de M. Maximilien Ring, avec un texte historique et descriptif ». Partie méridionale et septentrionale. Paris. Lith. d'Engelmann & Cie. Librairie de F. G. Levrault. 1829. 2 vol. cart., à toutes marges, gr. in-fᵒ.

7620. Vues diverses. 19 pl. Lith., etc., de form. div.

PORTRAITS.

7621. Allemagne, empereur d'. Ferdinand II. Buste, ³/₄ à dr., en méd. ov. av. encadr. allég. et armoiries. *L. Kilian fecit. W. Kilian excudit. 1619.* Lég. et 4 vers lat., in-fᵒ, avec marges.

7622. — Léopold. Mi-corps, en méd. ov. avec encadr. *Joan. Walter delineavit. J. Boulanger sculp. 1671,* in-fᵒ.

7623. — Rudolphus II. Buste, ³/₄ à dr., en méd. ov. avec encadr. Lég. et 8 vers lat., in-fᵒ.

7624. Bade, Georges-Frédéric, margrave de. Buste, ³/₄ à g., en méd. ov. av. encadr. Grav. n. s. Lég. et 6 vers lat., in-8ᵒ, monté.

7625. Bary, Jean de, bourgmestre de Bâle de 1767–1796. Buste. Photogr., d'après un portrait de l'époque, in-12.

7626. Bavière, Charles duc de, comte palatin du Rhin. Mi-corps, ³/₄ à dr., en méd. ov. avec encadr. allég. et armoiries. *J. H. Roos pinxit. Joh. Schweizer inv. et sculp.* Lég. lat., gr. in-4°.

7627. — Charles-Louis, duc de, comte palatin du Rhin. Buste, ³/₄ à dr., av. méd. ov. et encadr. (Découpé d'un livre all.), in-8°.

7628. — Charles-Théodore, Électeur de. Buste, ³/₄ à droite. *A. Demarle 1867* (Épreuve de Lehr « *l'Alsace noble* »). Grav. en relief sur cuivre, in-12.

7629. — Christian, duc de, comte palatin du Rhin. Buste, ³/₄ à dr., en méd. ov. av. encadr. (Découpé d'un livre all.), in-4°.

7630. — Gustave-Samuel-Léopold, duc de, comte palatin du Rhin. Mi-corps, face, en méd. ov. avec encadr. et armoiries. *Franz Nicolaus Haldenwanger sculpsit Anno 1721.* Lég. lat. Grav. en manière noire, in-f°, rogné.

7631. — Id. *A. Demarle del., 1867* (Epreuve de Lehr « *l'Alsace noble* »). Grav. en relief sur cuivre, p. in-4°.

7632. — Id. Variante de la pl. précéd., p. in-4°.

7633. — Louis de (Ludwig der Baier), empereur. Buste. Grav. sur acier, n. s., in-12.

7634. Binder, J. F. 1ᵗᵉʳ Bürgermeister in Nürnberg. Buste, ³/₄ à g., en méd. ov. *F. Hahn pinx. A. Weber del.* Lith., in-f°, à toutes marges.

7635. Bohême, Frédéric V, roi de. Buste, ³/₄ à dr., en méd. ov. (Épreuve de Lehr « *l'Alsace noble* »). Lith., in-8°.

7636. Bonaparte, le g¹. 1797. *Raffet del. Pollet sc.* (Hist. de France). Pourrat à Paris. Grav. sur acier, in-8°, avec marges.

7637. Boon, Jacobus. Pasteur à Amsterdam. 1691. Aet. 61. Mi-corps, face. *J. M. Quinkhard pinx. T. F. Walter sculps. S. Cruys excudit.* Lég. lat., in-f°, avec marges.

7638. Burckardus, Conradus. Ecclesiæ Tig... pastor etc. Aet. 68. A. 1681. Mi-corps, ³/₄ à dr. *Joh. Ph. Aubry fe.* Lég. et 4 vers lat., in-4°.

7639. Büttinghausen, Carolus. Refor. Pfar. an der Sᵗ Peters Kirch zu Heydelberg. Obiit 1786. Silhouette peinte, encadr. au lavis, lég. manuscr., in-8°.

7640. Caffart, Jean, d'Arras, « Correctier » à Cologne. 1597. æt. 50. Mi-corps, en méd. ov. Lég. et 14 vers franç. in-8°.

7641. Charles, le frère du Mont-Carmel. Mi-corps. *Louise Thuillier del. et lith.* Imp. Lemercier. Sur Chine, in-f°.

7642. Cherubini, L. Buste, profil à g., en méd. ov. *C. Müller sc.* Grav. au pointillé, in-12.

7643. Coter, Christophe. Poète, historien. 1644. Aet. 42. Mi-corps, ³/₄ à dr., en méd. ov. *Sculpsit et dedicavit David Tscherning.* Lég. et 4 vers lat., in-8°, à grandes marges.

7644. Delille. Buste. *Gravé sur acier par Hopwood d'après P. Delaroche,* in-32.

7645. Cooper, Fenimore. Buste. *Johannet del. Hopwood sc.* Furne à Paris. Grav. sur acier, p. in-4°.

7646. Delacroix, Eug. Buste. *Se ipsum del. Fréd. Villot sculp. 1847.* Eau-forte, in-8°, à grandes marges.

7647. Devaux. Lecteur du roi Stanislas. En pied. *E. Auguin.* Cliché Gillot, in-8°.

7648. Durnhofer, Laurent, pasteur à Nüremberg. Buste, ³/₄ à dr., n. s. Av. 12 vers lat. signés F. W. D. 1577, in-4°, rogné.

7649. Edel, Jacob. Natus anno 1581, obiit 1652, æt. 71. Buste, ³/₄ à dr., en méd. ov., avec armoiries. *A. Khol sculp.* Av. 4 vers all., in-8°, à grandes marges.

7650. Edel, Michel. Aet. 66, anno 1655. Buste, ³/₄ à dr., en méd. ov., avec armoiries. *R. Hauer pinx. A. Khol sculp.* Av. 4 vers all., in-8°.

7651. Engel. Philosophe allemand. Buste, ³/₄ à g. Grav. sur acier, n. s., in-16.

7652. Faust, Johannes. Moguntinus. Bibliopola et artis impressoriæ inventor... Ex collectione Friderici Roth-Soltzii Noriberg. Buste, n. s., in-8°, avec marges, monté.

7653. — Jean Fust ou Fauste. Associé de Jean Guttemberg... vers l'an 1450. Buste. *L. Boudan f.,* p. in-4°, à toutes marges.

7654. Favre, Jules. En pied (à la tribune). Grav. sur acier, n. s. gr. in-8°.

7655. Fullmaurer, Heinrich et Meyer, Albrecht. Maler. Grav. sur cuivre d'après un bois de Jean Fullmaurer. Mi-corps, n. s. in-8° obl.

7656. Furstenberg, Egon, Graf von. Buste, ³/₄ à dr., en méd. octog., av. encadr. allégor., p. in-f°.

7657. Gaill, Andreas. Jurisconsulte et conseiller impérial. 1683. Aet. 55. Mi-corps, $^3/_4$ à dr. Lég. lat., in-12, rogné. Au verso écusson de Gaill, av. 2 vers lat.

7658. — Mi-corps, $^3/_4$ à g. *1579 Martinus Rota F.* Réimpression moderne (?), in-12, avec marges.

7659. Galles, Sophie, princesse de, née princesse de Bavière. Mi-corps, $^3/_4$ à g., en méd. ov., avec armoiries. *Joh. Stridbeck fecit.* Lég. lat., gr. in-8°, avec marges.

7660. Gambetta, Léon. 1838-1882. Buste (Pl. de « *La République illustrée* »). Grav. sur bois, gr. in-fᵘ.

7661. Gasser. Assis, profil à g. Silhouette découpée, collée sur papier verdâtre, av. encadr., in-8°.

7662. Gesnerus, Salomon. Theol. D. et Prof. Witteb. Buste, $^3/_4$ à dr., in-32, monté.

7663. Gonthier, la. Actrice. Mi-corps. Avec petite vue d'un théâtre au haut à g. Dessin au crayon et à la plume avec encadr. au lavis. Indication au crayon : « la Gonthier, actrice », in-f°.

7664. Gualterus, Rudolphus. Tigurinus Theol. Mi-corps, $^3/_4$ à dr., avec encadr. architect. Monogr. *B. R.* Av. 2 vers lat., p. in-4°.

7665. Guérin, Maître. Chancelier de France. Buste, $^3/_4$ à dr., in-32, rogné.

7666. Grynæus, Johannes-Jacobus. Theologus celeberr. Mi-corps, $^3/_4$ à dr. Av. 6 vers lat. *J. G. sculp. et excudit Hedelbergæ*, in-12.

7667. Harambure, Louis-François-Alexandre, baron d'. Député de Touraine aux États-Généraux de 1789. Buste, profil à g., en méd. rond. *Moreau del. Courbe sc.* A Paris chez le sʳ Dejabin, in-8°, à toutes marges.

7668. Hastrel, Adolphe d'. Mi-corps, en méd. ov. *Lith. d'après nature par Ch. Hancké.* Imp. Lemercier, Paris (Pl. des « *Albums d'Hastrel* »). Fond teinté, p. in-f°, à grandes marges.

7669. Heimbach, Famille de, de la Rochelle. 4 silhouettes peintes, dont trois av. encadr. au lavis. 4 pl., in-8°.

7670. Hesse. Louis Iᵉʳ, Grand-duc de. Buste, $^3/_4$ à dr., en méd. ov. (Épreuve de Lehr « *l'Alsace noble* »). Lith., n. s., in-4°.

7671. — Philippe le Magnanime, landgrave de. Buste, $^3/_4$ à g. (Épreuve du même ouvrage). Lith., n. s., p. in-4°.

7672. Hohenlohe, Philippus, comte de. Baron de Langenberg, lieutenant-général de l'armée des Pays-Bas. Buste, $^3/_4$ à dr., en méd. ov., n. s. Lég. lat. et holl., in-8º.

7673. Hugo, Victor. Buste, face. *A. Masson del. et sculp.* Imp. en taille-douce de Lemercier, Paris, in-8º.

7674. — Buste, $^3/_4$ à dr., en méd. ov., av. encadr. *Yves et Barret sc.* (Supplément du « *Journal d'Alsace* », 28 fév. 1881), in-8º.

7675. Joinville, François d'Orléans, prince de. Vice-amiral. Buste, $^3/_4$ à dr., avec encadr. militaire. Lith. Avant toute lettre, in-fº.

7676. Kannegiesserus. Buste, $^3/_4$ à dr., av. encad. *C. L. Wasmuth del. Ch. Fritsch, graveur de Mons. l. G. D. de toutes les Russies, etc.*, gr. in-8º, avec marges.

7677. Kepler, M.-J. Astronome. Buste, $^3/_4$ à dr., en méd. ov. *Nach dem Original zu Strasburg. F. Wanderer del. T. Bauer sc. Nbg.* Grav. sur acier, in-12.

7678. Knipperdolling, Berend. Stadt-Vogt zu Münster. Buste, $^3/_4$ à dr., n. s. Lég. all., in-8º, rogné et monté.

7679. Kœnigsmarck, Conrad-Christophe, comte de. Général au service de l'empire et de la Suède (17º siècle). Buste, $^3/_4$ à g., en méd. ov., n. s. Lég. lat., in-8º.

7680. Kœnigsmarck, Otto-Wilhelm, comte de. Feldmaréchal suédois. Buste, $^3/_4$ à g., en méd. ov., avec emblêmes militaires. Lég. all., n. s., in-8º.

7681. Kotzebue, Schiller, Wieland. *F. Jagemann del. et pinx. 1818,* et Jean-Paul Richter, *gemalt v. Fr. Meier. C. Müller sculp.* Bustes. Grav. en manière de crayon. 4 pl. gr. in-fº.

7682. Lamartine. Buste, profil à g., en méd. ov. Imp. Lemercier, in-8º.

7683. Latreille, Pierre-André. Membre de l'Institut. Né à Brives, 1762. Buste, $^3/_4$ à g. *Jul. Boilly 1821.* Lith., gr. in-4º.

7684. Lefèvre d'Étaples, Jacques (Jacobus Faber). Théologien. Buste, $^3/_4$ à g. *H. f. (Hondius).* Lég. et 4 vers lat. (Tiré d'un livre), gr. in-8º.

7685. — Buste, $^3/_4$ à dr., en méd. ov. *Desrochers ex.* Lég. franç. et 4 vers lat., in-8º.

7686. Lerche, Michel. De Breslau, pasteur à Glogau. Mi-corps, $^3/_4$ à dr. *And. Tscherning pinxit. Joañ. Tscherning sculpsit.* Lég. et 6 vers lat., p. in-fº, rogné et monté.

7687. Linné, Carolus à. Mi-corps. *E. Glassbach sc.*, in-8º.

7688. Lorraine, Charles de (Charles de Guise). Cardinal. Assis av. encadr. A⁰ 1575, æt. 5o, n. s. Lég. lat., in-8⁰.

7689. «Louis seize, Roi des Français, Restaurateur de la liberté. Présenté au Roi et à l'Assemblée nationale, par l'Auteur». En pied. *Peint par Callet, Peintre du Roi. Gravé en 1790 par Bervic, graveur du Roi,* très gr. in-f⁰, avec marges.

7690. Luther. Buste, ³/₄ à dr., en méd. ov., av. encadr. Monogr. *J. M. 1569,* in-16, monté.

7691. — Mi-corps, ³/₄ à g , n. s. Strasburg bey Johan Tscherning, *auf S. Tomas Plā.* Lég. all., in-8⁰, à toutes marges.

7692. — En pied. Av. armoiries, médailles et chronogrammes *(I. Brunn).* Feuille volante célébrant le centenaire de la réforme, 1617, in-f⁰.

7693. — Buste, ³/₄ à g., en méd. ov. *F. Oberthür fecit 1817.* Lith. M. F. Bœhm, in-8⁰. Déchir. au bas.

7694. Melanchthon, Philippe, réformateur. Mi-corps, ³/₄ à dr. *1530.* Grav. sur bois, monogr., in-8⁰.

7695. Metzger, Joh.-Daniel. Hofrath u. Professor der Arzneikunde u. Anatomie zu Kœnigsberg. Buste, ³/₄ à g. en méd. ov. *G. C. Schmidt sc. 1783,* p. in-8⁰.

7696. Mentelius, Jacobus, de Château-Thierry. Docteur en médecine à Paris. Buste, ³/₄ à g., en méd. ov., av. encadr. et armoiries. *J. R. Lochon ad vivum delin. et sculp.,* gr. in-8⁰.

7697. Müller, Johannes v. Buste, ³/₄ à dr. Grav. sur acier, n. s., in-16.

7698. Munster, Sébastien. Cosmographe. Mi-corps, ³/₄ à dr. *(T. Stimmer)* tiré de N. Reusner «*Icones*», etc. Grav. sur bois, in-12.

7699. — Id., n. s. Lég. franc. (tiré d'un livre franç.), in-4⁰.

7700. — Nascitur Ingelheimi 1489, obiit Basileæ 1552. Mi-corps, ³/₄ à g., av. encadr. architect. Monogr. *B. R.* Lég. et **2** vers lat., in-4⁰, avec marges.

7701. Muntzer, Thomas. De Stolberg, pasteur à Alstett. En pied; au fond une bataille, n. s. (Tiré d'un livre hollandais), p. in-f⁰, avec marges.

7702. — Mi-corps, ³/₄ à dr. *Sichem excudit.* Lég. all. Au-dessous, notice biograph. all., gr. in-8⁰.

7703. — Id. Au fond, son supplice, 1525. Lég. lat., in-8⁰, monté.

7704. Muntzer, Thomas. Buste, $^3/_4$ à g., en méd. ov. *Gravé par E. Desrochers à Paris*, in-8°, avec marges.

7705. Nassau-Saarbruck, Walrad, prince de. Mi-corps (Épreuve de Lehr « *l'Alsace noble* ».) Lith. in-4°.

7706. Odilon-Barrot, ministre de la Justice. En pied (à la tribune). *A. Lacauchie del. Buland sculp.* Grav. sur acier, in-8°.

7707. Orange, Amélie, princesse d', née comtesse de Solms. Buste, $^3/_4$ à dr., en méd. ov., av. encadr. et emblèmes allég. *G. v. Honthorst pinx. H. Pothoven effig. et Orn. delin. J. Houbraken sculps. 1753.* Lég. lat., in-f°, avec marges.

7708. Otto, Louis-Guillaume. Ministre plénipotentiaire de la Rép. fr. près S. M. Britannique. Buste, profil à g. en méd. ov. *J. Boze pinx. Anth⁷ Cardon sculp.* London by Bose. Lég. et 4 vers franç. Grav. au pointillé, gr. in-8°, à toutes marges.

7709. Pappenheim, Godefroy-Henri, comte de. Général. Buste, $^3/_4$ à dr., en méd. ov., av. encadr., n. s. Lég. et 10 vers lat. (Découpé d'un livre all.), in-4°.

7710. Paracelse, Philippe-Théophraste Bombast dit. Buste, $^3/_4$ à dr., en méd. ov. avec encadr. *P. P. pinx. S. A. sculp. Odieuvre ex.* Lég. franç., in-12, avec marges.

7711. — Mi-corps, $^3/_4$ à dr., av. armoiries. *I. Tintoret ad vivum pinxit. F. Chauveau sculpsit.* Lég. et 8 vers lat. (Tiré de « *Paracelsi Opera omnia etc.* »), gr. in-8°.

7712. Parcus, David. Silesius. Theol. D. et profess. Acad. Haidelberg. Aetat. 51. Mi-corps, $^3/_4$ à g., n. s., in-16, monté.

7713. Perier, Augustin. Pair de France. Buste, $^3/_4$ à dr. *Hersent pinx. Dess. par H. Grevedon, 1834.* Lith. Lemercier, gr. in-f°.

7714. Perrier, Casimir, député du Département de la Seine. Buste, $^3/_4$ à dr. *Aubry L. delineavit.* Lith. G. Engelmann. Sur Chine, gr. in-4°.

7715. Plantin, Christophe. Nach dem Bilde eines Unbekannten. Mi-corps (Tiré de « *Illustrierte Deutsche Monatshefte* »). Grav. sur bois, p. in-4°.

7716. — Id. *A. P.* Lith. à la plume. Sur Holl., in-8°.

7717. Retz, François. Général des Jésuites. 1678-1750. Buste, $^3/_4$ à dr., avec encadr. *J. Berka sc. Pr.* Lég. lat, in-8°.

7718. Rey, Claude. Évêque de Dijon. Né à Aix, 1773. Mi-corps. *S. Petit del. et lith.* Imp. lith. Vᵛᵉ Jobard, Dijon, in-f°.

7719. Richelieu, Armand-Désiré, Duplessis de. Duc d'Aiguillon, député d'Agen aux États-Généraux. Buste, profil à dr., en
méd. rond, av. armoiries. *Labadye del. Courbe sc.* A Paris
chez le Sr Dejabin, in-8°, à toutes marges.

7720. Rœderer, Pierre-Louis. Né à Metz en 1754. Député de cette
ville à l'Assemblée nationale de 1789. Buste, profil à dr., en
méd. rond. *Labadye del. Courbe sc.* A Paris chez le Sr Dejabin, in-8°, à toutes marges.

7721. — Buste, profil à g., en méd. ov. *H. Lips sculp.* Grav. au
pointillé, in-8°.

7722. — Buste, profil à dr , en méd. ov. *F. Bonneville del. Mercier
sculp.* A Paris rue St Jacques. Grav. au pointillé, in-8°.

7723. — Id. Ex-député de l'Assemblée constit. et rédacteur du
Journal de Paris. *C. Müller sculpsit.* Grav. au pointillé, p.
in-8°, à grandes marges.

7724. — Id. Lith., p. in-8°.

7725. Rossel. 1871. Buste, av. encadr. Fond teinté, in-f°, à grandes
marges.

7726. Rossow, Helena a, vulgo Hroswida, Sanctimonialis in Gan-
dersheim. Buste, p. in-4°.

7727. Saxe, Bernard de. Duc de Weymar. En pied. Au fond, à dr.,
bataille sous Brisac. Lég. et 4 vers lat., p. in-f°.

7728. — Buste, ³/₄ à dr., en méd. ov. Avant les armoiries. *Balthasar
Moncornet.* Lég. et 4 vers franç., in-8°, avec marges.

7729. — Buste, ³/₄ à dr., en méd. ov., av. armoiries. Au-dessous
notice biograph. franç. A Paris chez Daret, 1652, in-8°, avec
marges.

7730. — Buste, ³/₄ à dr., en méd. ov. Au fond à dr. bataille sous
« Brisaque ». *B. Moncornet excu.* Lég. franç., in-8°.

7731. — Buste, ³/₄ à dr., en méd. ov., encadr. au trait octog. Lég.
lat., in-16.

7732. — Buste, ³/₄ à g., en méd. ov., av. encadr. *Ficquet sculp.*
(Suite d'Odieuvre à Paris). Lég. franç., in-8°, avec
marges.

7733. — Buste, ³/₄ à g., en méd. rond, av. encadr. architect. et armoiries. Lég. franç. Au verso texte franç., gr. in-4°, avec
marges.

7734. Schenau, P. In Diensten S. Churfürstl. Durchl. zu Sachsen bey
      der Academie der Kunste u. Porcellan Manifact. (1740—1806).
      P. Schenau pinx. 1782. C. F. Stœlzel sculp. 1787. Buste en
      méd. ov., av. encadr. Grav. imp. en bistre, gr. in-8⁰, à
      grandes marges.

7735. Schmidt, Johannes Jacobus. Pastor Peest. et Palov. Natus A⁰
      1691. Buste, en méd. ov., av. encadr. *Bœskow pinx. Berni-
      geroth sculps.*, in-8ⁿ.

7736. Schneider, Johann Balthazar. Colmariensis Reipublicæ Patriæ
      Syndicus... Buste, ³/₄ à dr., en méd. ov., avec armoiries et
      encadr. *Anselmus von Hulle pinx. Pet. de Jode fecit. 1650,*
      in-f⁰.

7737. Schweicker, Thomas. Né sans bras, à Schwäbisch. Hall en
      1541, mort le 7 oct. 1602. En pied. Lég. all., in-8⁰, monté.

7738. — Écrivant avec les pieds. Lég. en 12 vers all., in-8⁰, à grandes
      marges.

7739. Seybothius, Guillaume-Philippe. Pasteur à Rothenbourg s/T.
      Micorps, av. armoiries. *Auf Stein gez. v. Schmauss.* Schrift
      und Druck bei Mayer z. Rothbg. Reprod. photolith., in-f⁰.

7740. Spanhemius, Fridericus. 1600-1649. Professeur de théologie à
      Genève et à Leyde. Buste, ³/₄ à g., en méd. ov. Lég. et
      2 vers latin, in-8⁰, avec marges.

7741. Spanhemius-Fridericus. 1632-1701. Professeur de théologie et
      d'histoire à Leyde, âgé de 44 ans, 1676. Mi-corps, ³/₄ à g.
      *P. du Bordieu pinx. Pieter Engelvaert excudit. C. Hagens
      sculp.* Lég. et 8 vers lat., gr. in-4⁰.

7742. Sturm, C.-C. Buste, profil à g., en méd. ov., av. encadr. *A. Stöttrup
      del. 1781. Liebe sc.*, in-8⁰, avec marges.

7743. Sturm, Leonhardus-Christophorus. Mathes. Prof. ord. Anno
      ætat. 36, A⁰ 1706. Buste, ³/₄ à dr., en méd. ov., av. encadr.
      allég. *Bernigeroth sc.*, in-f⁰.

7744. Suède, Charles XII, roi de. Buste, ³/₄ à dr. *A. Demarle del.*
      (Épreuve de Lehr « *l'Alsace noble* »). Grav. en relief sur
      cuivre, p. in-4⁰.

7745. Taupadel, Georges-Christophe de. Général major de l'armée
      du duc de Weimar. Buste, ³/₄ à g., en méd. ov., av. armoiries.
      Par son très humble seruiteur Balthazar Moncornet. Lég.
      franç., in-12.

7746. Thiennotte, F. Buste, $^3/_4$ à g. *D'après nature Hancké.* Imp. Lemercier, Paris. Lith. Sur Chine, gr. in-4°.

7747. Thiers. Buste, face. « A Thiers nos éternels regrets, 3 septembre 1877 ». Lith. Hubert & Haberer, in-f°.

7748. Theodorus, Jacobus. Tabernæmontanus. Medicinæ doctor et archiater palat. Buste $^3/_4$ à g., en méd. ov. Lég. et deux vers lat., in-8°, avec marges.

7749. Thiele, Joh. Georg-Philipp. Aus Hamburg. Buste, profil à dr., en méd. rond, in-12, monté.

7750. Tiling, Matthias. Professeur de médecine en Hesse. 1634 — 1685. Buste, $^3/_4$ à dr., en méd. ov., av. armoiries. *M. Hailler sc.* Lég. et 2 vers lat., in-8°.

7751. Tilly. Joannes-Tserclaes Baro de Tylli etc. Général. A cheval, au galop. $^3/_4$ à dr. Au fond un château. *Eb. Kieser exc.* Lég. et 4 vers lat., gr. in-4°, avec marges.

7752. — Joannes a Tserclaes S. R. I. Comes, Baro de Tilly sacræ Cæs. Mait. General. A cheval, $^3/_4$ à g.; au fond, une ville. *Lucas Kilian sculps. A. 1632*, in-12.

7753. Trutebul, Ludwig. Anno 1520. Aet. 35. Mi-corps. Grunder der ersten Buchdruckerei zu Halberstadt. *C. Ruprecht lith.*, gr. in-8°.

7754. Walckenaër, Charles-Athanase. Membre de l'Institut. Buste, $^3/_4$ à g. *Jul. Boilly 1821.* Lith., gr. in-4°.

7755. Washington, Portrait of. Buste, $^3/_4$ à g. en méd. ov. Painted from life by Stuart. *Engraved by Ed. Girardet.* Imp. et publ. par Goupil & Cie, in-f°, sur pap. très gr. in-f°.

7756. Weislinger, Johannes-Nicolaus. Pfarrherr zu Capell unter Rodeck. A. 1746. Mi-corps, en méd. ov., av. encadr., in-8°, av. marges, monté.

7757. — Mi-corps, av. encadr. Lég. lat., p. in-8°.

7758. — Buste, sur socle. Monogr. *F. H.* Lég. et 4 vers lat., in-16, rogné.

7759. Weiss, le major. Buste en méd. ov., av. 4 vers franç., in-8°.

7760. Wetstenius, Jo.-Rudolfus. † A. 1684, æt. 70. Professeur de théologie à l'Université de Bâle. Buste, $^3/_4$ à dr., en méd. ov., av. encadr., in-8°, monté.

7761. Winkler, Gottfried, der Sohn. Buste en méd. rond. *Tischbein pinxit. Bause sculpsit. 1766*, in-8°, avec grandes marges.

7762. Wurtemberg, Eberhard, duc de. Comte de Montbéliard. Buste, $^3/_4$ à dr., en méd. ov., avec encadr. et armoiries. *Philip Kilian sculpsit*. Lég. lat. et 8 vers all., in-f⁰, avec marges.

7763. Wurtemberg, Frédéric, roi de. Buste (Épreuve de Lehr « *l'Alsace noble* »). Lith., avant toute lettre, p. in-f⁰.

7764. Wurtemberg, Ulrich I, duc de. Buste, en méd. ov. *A. Demarle 1867. P. Ulrich sc.* (Épreuve du même ouvrage). Grav. en relief sur cuivre, in-8⁰.

7765. Széchenyi Istvan, Grof. Buste. *Metsz Schuler*. Grav. sur acier, in-8⁰, av. marges.

7766. Zierotin, Carl Freyherr von. † 1560. En pied, av. encadr. architect *(D. Custodis)*. Au verso biogr. de Laz. v. Schwendi (Pl. de J. Schrenck von Notzing « *Der aller durchleucht. und grossmächt. Kayser,... in Ambrosianæ arcis*, etc. » Inspruck 1602), in-f⁰. Une partie de l'encadr. ainsi que le bas de la grav. sont coupés.

7767. Zweite Gedenktafel zur Erinnerung an die im Kriege gegen Frankreich gefallenen Offiziere der bayerischen Armee. Photogr., av. encadr. lith., gr. in-f⁰.

7768. « Cent portraits d'artistes peintres et sculpteurs ». Grav. sur bois, etc. N⁰ du « *Monde illustré* » du 2 mai 1885, in-f⁰.

7769. Portrait d'un inconnu. Buste, $^3/_4$ à dr. *H. Vernet, Rome 1830*, in-f⁰, à grandes marges.

ÉVÉNEMENTS DIVERS.

7770. « Aigentliche Wahrhaffte Delineatiō unnd Abbildung aller Fürstlichen Auffzüg und Rütterspilen bey dess Durch. Hochg. Fürsten und Herren Johann Friderichen Hertzⸯgen zu Württemberg und Teck, Graven zu Montpelgart... jungen Printzen und Sohns Hertzog Ulrichen... Kindtauff und dann bey Hochermelt geliebten Herren Bruoders... Ludwig... mit der... Fürstin... Magdalena, Elisabetha Landtgräffin auss Hessen... Beylager und Hochzeytlichem Frewdenfest celebrirt in... Stuttgart, 1617 ». Publicirt unnd verferttiget durch *Esaiam von Hulsen* (Le front. pl. 23 signé : *Mat. Merian fec.*). 89 pl. 1 vol. in-f⁰ obl. Demi-rel. veau.

7771. Vues et plans de batailles. 1620-1645. 17 pl., in-f⁰ obl.

7772. Vues de batailles dans les Pays-Bas. 1579—1589. Av. 2 frontispices : « *De bello Belgico* », etc. 19 pl. gr. in-f⁰ obl. et 2 pl. (frontispices), in-f⁰.

7773. Arrestation du prince Guill. de Fürstenberg, le 16 juin 1647 à Cologne. t'Wegh Vœren van Prins Willem van Furstenberg, in-f⁰ obl., avec marges.

7774. Les Transilvains soumis (à Weissemburg en Transylvanie). Av. encadr., in-4⁰.

7775. « Plan de l'armée des hauts Alliés commandée par... le Duc de Malbouroug campée devant Bouchain, 1711 ». Dessin à la pl. et au lavis. Lég. manuscrite, in-f⁰ obl.

7776. Retraite d'une armée autrichienne (1793 ou 1794). Photogr. d'après une gravure du temps, in-f⁰ obl.

7777. Bataille de Castiglione le 16 Thermidor, an 4. *Dessiné par Carle Vernet. Gravé à l'eau-forte par Duplessis-Bertaux. Terminé par Dupréel.* Sur Chine, gr. in-f⁰ obl.

7778. Bataille de Loano, 24 nov. 1795. *Dessiné et gravé à l'eau-forte par Couché fils. Terminé par Bovinet,* in-12 obl.

7779. « Friedens-Tractat zwischen der franz. Republik und dem Kaiser Franz, zu Udine, 17. october 1797. Grav. color. Image, in-f⁰ obl.

7780. General Schauenburg zieht in Bern ein, den 5. Mærz 1798. *Gez. v. Girardet. Gest. v. J. C. Bock, 1819,* p. in-f⁰, à grandes marges.

7781. Massacre du 9 Floréal 7ᵐᵉ année Répbl... des Ministres plénipotentiaires, par les Autrichiens (Rastatt), in-f⁰ obl., à toutes marges.

COSTUMES MILITAIRES.

7782. Fermier vêtu en mousquetaire, 1650 (Tiré de Moschenrosch « *Philander von Sittenwaldt* »), in-8⁰.

7783. Soldats de la fin du XVIᵉ siècle (Pl. d'un ouvrage sur le maniement des armes [genre de celui de Jacques de Gheyn]). 28 fig. sur une pl., in-f⁰ obl.

7784. « État général des Uniformes de toutes les troupes de France, représentées par un homme de chaque régiment », par M. P. F. d'Isnard. Strasbourg, 1779. 142 pl. en partie color. (au lieu de 181); le titre manque. 1 vol., in-8⁰, br.

7785. Cavaliers fin XVIIIe siècle. 2 pl., dont l'une signée: *Gritner f.* Grav. sur bois, gr. in-4°.

7786. Soldats de la République. Infanterie de ligne. Se vend chez Pflueger à Strasb. Lith. 1 feuille gr. in-f°.

7787. Soldats du XVIIIe siècle. Lith. Types de la collection Stoll. 2 feuilles, gr. in-4°.

7788. Soldats de la Républ. et de l'Empire. Lith. Types de la même collection. 4 feuilles, gr. in-4° et 2 feuilles p. in-f°.

7789. — *Nicollet.* Lith. Types de la collection Nicollet. 1 feuille, in-f° obl.

7790. — Lith. Types de la collection Ch. Berst. 1 feuille gr. in-4° et feuille in-f°.

7791. Garde imp. 1er emp. Attelages du train. Lith. 6 figures détachées, in-8°.

7792. — 5 cavaliers divers et 5 bustes de trompettes, très bien dessinés. Lith. Imp. Lemercier, Paris. Partie d'une gde feuille et fig. détachées.

7793. École du soldat. 1830 (Pl. 3-6). Lith. 2 pl., gr. in-8° obl., sur une feuille.

7794. Hussards, 1830? Lith. 1 feuille, in-f° obl.

7795. Infanterie, 1840? Lith. Se vend chez Pflueger à Strasb. 1 feuille, in-f° obl.

7796. — Chasseurs à pied et chasseurs d'Afrique, infanterie et cavalerie régulière Arabe. Lith. de Vve Levrault. 1 feuille (fragment), gr. in-f°.

7797. « Aux chasseurs d'Orléans. St Omer 1841–1842 ». *E. Dubuisson.* Lith. d'E. Simon à Strasb., color., in-f°.

7798. Images militaires de G. Silbermann. Impression en couleurs à l'huile. Dess. p. *Ch. Winter.* 1re Série (1849). N° 1. Chasseurs d'Orléans. N° 2. Infant. de ligne — Grenadiers. N° 3. Id. Voltigeurs. N° 4. Infanterie légère — Voltigeurs. N° 5. Id. Grenadiers. N° 6. Cuirassiers. N° 7. Lanciers. N° 9. Carabiniers. N° 14. État-major d'inf. de ligne. 14^b. État-major d'inf. légère. N° 15. Musique d'inf. de ligne (^{1}/$_2$ pl.). N° 16. Musique d'inf. légère (^{1}/$_2$ pl.). N° 17. Parc d'artillerie. N° 18. Zouaves (^{1}/$_2$ pl.). N° 20. Dragons. 1 feuille: Camp, et 2 feuilles non col.: N° 13. Artillerie. N° 17. Parc d'artillerie. 18 feuilles in-f°.

7799. — Id. 2ᵉ Série (1854). Modèle plus grand. Nᵒ 24. Garde imp.
   — Grenadiers. Nᵒ 25. Id. Voltigeurs. Nᵒ 26. Id. Artillerie.
   Nᵒ 27. Id. Zouaves. Nᵒ 28. Id. Chasseurs. Nᵒ 29. Cent-
   gardes et 3 feuilles non color. : Nᵒˢ 24, 26 et 28, la dernière
   double. 9 feuilles in-fᵒ.

7800. — Id. 3ᵉ série (18..). Dess. par *A. Touchemolin.* Nᵒ 1. Infanterie. Nᵒ 2. Zouaves. Nᵒ 3. Chasseurs. Nᵒ 4. Tirailleurs algé-
   riens. Nᵒ 5. Hussards. Nᵒ 6. Chasseurs à cheval. Nᵒ 7.
   Artillerie à cheval. Nᵒ 8. Cuirassiers. Nᵒ 9. Chasseurs
   d'Afrique. Nᵒ 10. Spahis. Lég. franç. et all. 10 feuilles in-fᵒ.

7801. Épisodes de la vie militaire (1ᵉʳ empire). *Jeantel del.* Lith. Engelmann. 6 vues sur 1 feuille, in-fᵒ.

7802. Les ancêtres du 69ᵉ de ligne (Calendrier de l'impr. Berger-
   Levrault, 1890). *H. Ganier del.* Chromotypogr., in-fᵒ obl.

7803. Au lendemain de la bataille d'Jéna (Calendrier de la méme
   maison, 1892). *H. Ganier del.* Chromotypogr., in-fᵒ.

7804. « Siège de la citadelle d'Anvers ». 1832. Grav. sur bois, de la
   fabrique de Pellerin à Épinal. 1 feuille color., gr. in-fᵒ obl.

7805. Brevet de pointe. 1830. Dembour et Gangel à Metz. Lith. color.,
   in-fᵒ obl.

7806. Brevet de contrepointe. 1844. Lith. de Dembour à Metz, Lith.,
   in-fᵒ obl.

7807. Papier à lettre militaire (1854). Soldats color. Imp. Lith. de
   Fournier, Paris. 4 feuilles, gr. in-4ᵒ.

7808. Chasseur à pied et fantassin anglais. Lith. de Vᵛᵉ Berger-
   Levrault & fils. Couverture de cahier, gr. in-4ᵒ.

7809. Voltigeur de la garde, 1865. Lith. color. Fabrique d'images
   P. Didion à Metz, in-fᵒ.

7810. Chevaux de cavalerie de ligne. Arrondᵗ de Wissembourg.
   Lalaisse del. (« Les chevaux français »). Dusacq & Cⁱᵉ, Paris.
   Lith. Fond teinté, in-fᵒ obl.

7811. Costumes milit. du XVIIIᵉ siècle (Münchener Bilderbogen, nᵒˢ 44
   et 45, Zur Geschichte der Costume). 2 feuilles color., in-fᵒ.

7812. Armures de l'Arsenal de 1669. Dessin de *A. Touchemolin.*
   (Pl. de F. Piton « *Strasbourg illustré* »). Lith. color. 2 pl. p.
   in-fᵒ obl.

7813. Casque du XVIᵉ siècle (Collection Buttner) (Pl. du « *Mirliton* »),
   gr. in-4ᵒ.

7814. Pontonnier. Dans le fond, la cathédrale et pontonniers dans un
     bateau *(Stenger)*. Image color., gr. in-f⁰.

7815. Artilleur à côté d'un canon *(Stenger)*. Image color., gr. in-4⁰.

7816. Franc-tireur des Vosges. Charge. *Dess. et lith. par Draner.*
     Imp. Lemercier & Cⁱᵉ, Paris. Color., in-f⁰.

7817. Zouave et bersagliere, etc. fraternisant. *C. Heinemann.* Lith.,
     p. in-f⁰.

7818. Congé militaire italien, av. encadr. allég. *J. Heinemann Des.
     et Lith.* Lit. F. Doyen Torino 1856, gr. in-f⁰.

7819. Collection d'en-têtes de lettres, comprenant : 1⁰ Sujets pour
     fêtes de familles, etc.; vignettes en couleurs, av. encadr.
     45 pl. 2⁰ Soldats français, en couleurs et en noir, av. encadr.
     Mondor de l'Aigle. Lith. Régnier. Paris, chez Fournier.
     17 pl. 1 vol., in-4⁰, cart.

7820. Armée française, 1870. Dessins de *Joseph Wencker.* Imp.
     Simon. Lith. coloriées à la main. 26 pl., in-8⁰, bande repliée.
     Cart., toile rouge.

7821. Armée allemande, 1870. Dessins de *Joseph Wencker.* Imp.
     Simon. Lith. coloriées à la main. 26 pl. in-8⁰ sur bande re-
     pliée. Cart. toile rouge.

7822. Armée anglaise. Dessins de *Frank Dodd, John Charlton,
     A. C. Lovett, Lady Butler*, etc. (Suppléments de « *The gra-
     phic* » 1886-1891). 1 pl. grav. sur bois, double in-f⁰ obl. et
     21 pl. chromotypogr., in-f⁰ et gr. in-f⁰.

ARMOIRIES.

7823. Arbres généalogiques de familles souveraines. Av. armoiries,
     vues de villes et portraits. 43 pl., in-f⁰ et dble. in-f⁰, av. texte
     all., tirées d'un livre de 1612, in-f⁰.

7824. Armoiries par *W. Dieterlin* (Pl. du « *livre de l'Architecture* »).
     Reprod. de Ch. Claessen à Liège. 5 pl., in-f⁰, av. marges.

7825. Familie Kriegelstein von Wandelburg. Chromolith. in-8⁰.

7826. Grenser, Alfred. « Armorial de Lorraine. Recueil des Armes
     de l'ancienne chevalerie de Lorraine, publié d'après un
     manuscrit du noble Jean Callot, héraut d'armes du duc
     Charles II ». Leipsic, 1863. Titre frontispice en chromolith., 14
     pl. av. 156 armoiries en noir et texte expl., gr. in-4⁰. Broch.

7827. Armoiries diverses, grav. lith., etc. 17 pl. de form. div.

ORIGINAUX D'ARTISTES DIVERS.

(Les attributions sont celles que nous avons trouvées sur les pièces).

Anderson, J.

7828. Soldats autrichiens et russes. 2 dessins à la pl color. *J. Anderson fec. 1808, 1809,* in-f° obl.

Bloemart, Abraham.

7829. Tobie et l'ange en présence du poisson. Croquis à la plume, lavé à l'encre, n. s., p. in-f° obl.

Bercy, de.

7830. Paysages, *de Bercy, 1763.* 2 fusains reh. de blanc, gr. in-f° obl.

Candido, Pietro.

7831. Le couronnement de la Vierge. Esquisse à la pl., lavé à l'encre, n. s., gr. in-4°.

Chodowiecki.

7832. Portrait d'enfant. Croquis au cr. en méd. ov., n. s., in-12.

Empoli, da.

7833. Tête d'évêque. Dessin au cr., n. s., in-f°.

Gœthe, W.

7834. Paysage. Lavis en rose sur parch., in-8° obl.

Guttenbrunn.

7835. Jeune homme assis, jouant du tambourin. Dessin au cr., n. s., in-4°.

Heyden, Jan van der.

7836. Habitation entourée d'eau, avec pont-levis. Sépia, n. s., p. in-f°.

Hondhorst, Gerh.

7837. Mendiant à cheval recevant l'aumône. Croquis au crayon, *Gerh. Hondhorst,* in-8°.

Huet, S.

7838. Deux têtes de moutons, *S. Huet, 1765.* Dessin à la sanguine, reh. de blanc et de hachures au pinceau, gr. in-f° obl.

Johannot, Alfred.

7839. Un vieux seigneur du 16ᵉ siècle appuyé sur le bras de sa fille. Dessin au crayon, *Alfred Johannot, 1827*, p. in-f°.

Lancret.

7840. Portrait de jeune fille. Buste. Dessin au fusain et à la sanguine, gr. in-4°.

Leyde, Lucas de.

7841. Cour d'amour (?), 16ᵉ siècle. *L.* Dessin à la pl., lavé à l'encre, in-8°. Trous de vers.

Raffet.

7842. Vétérans des armées de l'empire ; au fond, la colonne Vendôme. Dessin à la pl., en partie color., n. s., gr. in-4°.

Richou.

7843. Corbeilles et vases de fleurs. Dessins à la sanguine. *Richou fecit 1774.* 2 pl. in-f° obl.

Reinhard, F.

7844. Chasseurs à pied en embuscade. Aquarelle, in-8° obl.

Ruysdael.

7845. Arbre secoué par l'orage. Étude à la pl. et à la sépia, p. in-f° obl.

Sasse.

7846. Paysages. Aquarelle et sépia, n. s. 2 pièces p. in-f°.

Schenau, J. E.

7847. Tête d'homme avec turban. Dessin au cr., n. s., in-f°.

7848. — Le Mariage de l'Amour et de Psyché. *Schenau.* Dessin à la plume et au lavis, in-f° obl.

Tiepolo, Jean–Baptiste.

7849. Prophète (?) élevé au ciel par des anges. *J. B. T. 1723* (?). Esquisse à la plume et au lavis, p. in-f°.

7850. — Sujet religieux (?). Esquisse à la sanguine et au lavis, en forme de pyramide, n. s., attribué à Tiepolo, in-f°. Coupé en deux.

Watteau.

7851. Jeune homme endormi au pied d'un rocher. Aquarelle, in-4° obl., montée.

Werf, Adrien van der.

7852. Deux amours soulevant un rideau. Encadr. d'un ovale avec sujet de bataille légèrement indiqué. *Van der Werff.* Dessin au cr., p. in-f° obl.

7853. Collection d'emblèmes, en méd. ronds, peints à la main, avec lég. lat. manuscrite (18ᵉ siècle). 34 pl. in-8°, tr. dor., dans un étui.

7854. Esquisses et dessins de maîtres des 17ᵉ, 18ᵉ et 19ᵉ siècles. 42 pièces non signées. Form. div.

ESTAMPES DIVERSES.

Amman, Jost.

7855. « Bildnuss oder Contrafactur der zwölf ersten alten Teutschen Königen und Fürsten... Gedruckt zu Frankfort am Mayn, durch Johann Feyerabendt. 1580. » Frontispice et 12 grav. sur bois. *I. A.* Avec vers all., in-f°. Demi-rel. toile. A la suite, même volume, 2 pl.. (Le duc de Brabant et Charles le Téméraire), spécimen des 114 pl. de Lorédan Larchey «*Armorial de la Toison d'or*, etc. »

7356. Frontispice de « Dreyssig Tafeln : Darinn der Keyser, König, Fürsten etc... so... in Beyern regiert, Stamme etc...» Francfort, Johann Feyerabendt, 1580. *I. A.* Grav. sur bois, in-f°.

7857. «Jost Amman's Frauentrachtenbuch». Franckfurt a. M., Martin Lechner, 1586. Reprod. mod. München, Knorr u. Hirth, 1880. 1 vol., in-8°, br.

7858. « Jost Amman's Kartenspielbuch. *Charta Lusaria* ». Nürnberg, Leonhardt Heussler, 1588. Reprod. mod. München, G. Hirth, 1880. 1 vol., in-4°, veau fauve pl. fil. dor.

7859. « Jost Amman's Wappen- und Stammbuch » (Frankfurt a. M. bei Sigm. Feyrabend, 1589). Reprod. mod. München, G. Hirth, 1881. 1 vol. in-4°, br.

Baume.

7860. « Le lutrin du Village ». *Baume pinx. Pedretti sc.* Imp. Chardon jeune, gr. in-4°, à très gr. marges.

Bein, J.-G.

7861. Prospect der Kugel Apotheke. *1800,* in-4º obl., av. marges.

Bodmer, G.

7862. « Die Madonna in der Grotte ». *Gemalt von Leonardo da Vinci. Auf Stein gez. u. herausgegeben von G. Bodmer in München.* Druck von J. Selb. Lith., gr. in-fº, à gr. marges.

Boret, A. de.

7863. « Les Francs-tireurs de Colmar ». 1870. A. Cadart, éditeur. Eaux-fortes. Frontispice et 15 pl., gr. in-8º. Sur Holl. à grandes marges. Av. couverture ill.

Brünner, J.-J.

7864. Frontispice de modèles d'écriture. *Beschrieben von J. J. Brünner aus Basel. Gegraben von L. B. Büttenberg,* in-fº obl.

Callot, Jacques.

7865. « Parterre du Palais de Nancy ». *Taillé en eau-forte par Jacques Callot, 1624.* 1er État avant l'adresse de J. Silvestre, in-fº obl.

D. M. F.

7866. « Ara cum tumba S. Udalrici. Pedum LXII ». Av. armoiries, p. in-fº, à grandes marges.

Deblois fils.

7867. « Le Baiser ». Méd. rond av. encadr. Gravé d'après le tableau original de Carolus Duran par *C. Deblois fils.* Imp. Chardon aîné. Sur Chine, gr. in-fº, à très gr. marges.

Embde, v. der.

7868. Enfants à l'abri sous un arbre. *Gemalt von Aug. v. der Embde. Stahlstich von Petersen.* Druck von G. Serg. Av. la lettre, av. timbre sec de la Société des Amis des Arts de Strasb., in-fº, à très gr. marges.

7869. Femme à la fontaine. *Peint par A. von der Embde. Gravé par G. Otto.* Imp. par H. Felsing. « La Société des Amis des Arts de Strasb. à ses membres en 1839 ». Grav. sur acier, in-fº, à gr. marges.

Gall, Philippe.

7870. « Rhenus ». Fig. allég. *Phls. Gall invent. et sculp.,* in-8º.

Guérin.

7871. «Sainte Geneviève». *Guérin pinx. Bezar del. Geraut sculp.* Sur Chine, gr. in-8°.

Guérin, C.

7872. Etudes : Yeux, bouches, oreilles, nez. *C. Guérin fecit.* Grav. en manière de crayon. 4 pl., in-f° obl , à grandes marges.

7873. Paysages, animaux. *C. Guérin fecit.* Eaux-fortes. Réimp. tirée à 20 ex. 5 pl., in-12 obl., à grandes marges.

Goussier.

7874. Div. métiers et leurs outils : Corroyeur, Cordonnier et Bottier, Découpeur et Gaufreur. *Goussier del. Benard fecit.* 7 pl. et 2 feuillets de texte, in-f°.

Holbein.

7875. Un fou, figure à mi-corps. Grav. sur bois, tirée d'un ouvrage franç., n. s., in-16.

L., C. v.

7876. Homme d'armes du XVIe siècle et paysan. *C. v. L. d. J. B. f.* Avant la lettre. Grav. en manière de crayon, in-f°, avec marges.

M. G.

7877. Un ange, portant les emblêmes de la peste, de la famine et de la guerre, apparaît au roi David, agenouillé dans une rue ornée de beaux édifices. Monogr. *M. G.* (Graveur all. inconnu du 16e siècle). Grav. sur bois, in-f°. N. Mon. IV, p. 579.

Mechel, Ch. de.

7878. «Vues du Rhin». *Peint par P. C. Brinckam. Gravé à Paris par C. de Mechel 1758 et 1759.* 2 pl., gr. in-4° obl., av. marges.

7879. «Prospectus Rheni». *F. Ed. Weirotter pinxit. Chr. a Mechel Basil. sculpsit et excudit Parisiis 1759,* gr. in-4° obl., avec marges.

Metzger.

7880. Saint Romuald racontant sa vision (?). *Peint par André Sacchi. Dessiné par Gianni. Gravé par Metzger,* in-f°, à toutes marges.

Morghen, Raffaelle.

7881. La Vierge à la chaise. *Raffaelle da Urbino dipinse. Raffaelle Morghen dis. e inc in Firenze.* Niccola de Antoni imprese. Avec dédic., in-f⁰ carré, à grandes marges.

Muller, C.

7882. Le Martyre de saint Sébastien. *Unter der Leitung von Schæffer gest. v. C. Müller 1834.* Grav. sur acier, avant la lettre, p. in-f⁰, à toutes marges.

7883. « Les années grasses ». D'après Veit. *C. Müller sc. 1836.* Lég. franç. et all., in-f⁰ obl., avec marges.

Nahl, Jean-Auguste.

7884. « Tombeau de Mme Langhans à Hindelbruck près Berne ». Grav. de *Chr. de Mechel,* in-f⁰, avec marges. Avec feuille de texte fr. et all. in-f⁰.

7885. — Autre édition de la même gravure, avec feuille de texte franç. et all.

7886. — « La Sollicitude d'une Mère dans l'éternité ». *Peint par Henri Freudweiler en 1786. Gravé sous la direction de Chr. de Mechel par Benj.-Rod. Comte,* in-f⁰, av. marge . Grav. faisant pendant à la précéd.

7887. — Tombeau de Mme Langhans. *Lith. par F. N. Kœnig.* Impr. lith. Haller à Berne, in-f⁰, à grandes marges.

Ostade, Ad. van.

7888. « Le Jeu de courte-boule Flamand ». *Ad. van Ostade pinx. Benazech sculp.,* in-f⁰.

Richomme, J.-T.

7889. « La Vierge au Silence ». *Annibale Carrache pinx. J. T. Richomme del. et sculp. An. 1838.* Imp. Bougeard (Kunst-verein für Baden). Grav. sur acier, gr. in-f⁰ obl., à grandes marges.

Ridinger, J.-E.

7890. Oie sauvage. « Anno 1736 ist diese Wilde Gans von einem im Geröricht laurenden Fuchsen... bey Reichenweiler... lebendig gefangen... worden ». *J. E. Ridinger fec. et excud., 1744,* gr. in-f⁰.

Rollos, Peter, Kupferstecher.

7891. «Vita Corneliana, emblematibus in æs artificiose incisa. Leben Cornely mit auserlesenen Gemelten in Kupfer gestochen...» 57 pl. avec vers all. et lat., p. in-4° obl. 1 vol. Demi-rel. veau.

7892. « Euterpæ suboles, hoc est emblemata varia... Neues Stamm-buchlein Von allerley Lustigen und Kurtzweiligen Figuren... » 23 pl. p. in-4° obl. Un vol. demi-rel. veau (Même reliure que le n° précédent).

Rue, de la.

7893. Combat de cavaliers, n. s., in-8° obl.

Schenau, J. E.

7894. Groupes d'enfants. *Schenau.* Eaux-fortes. 6 pl. in-12, mont. sur 2 feuilles.

7895. « Plaisirs de l'Enfance ». *Schenau inv. J. Varin sculp.* Grav. en manière de crayon, imp. en sanguine, in-f°, avec marges.

7896. « Le Colin-Maillard (*La Mosca cieca*) ». *Scheneau inv. A. Orio sculp.*, gr. in-4° obl.

7897. Jeune fille et chat. En méd. ov. *Peint par Schenau. Gravé par Seiffert.* Avec armoiries et dédicace. Impr. en bistre, in-f°.

7898. « L'heureux Serin ». *Schenau pinxit. R. Gaillard sculp.* Avec 8 vers franç., in-f° obl.

7899. « Les défauts corrigés par l'affront ». *J. E. Schenau pinx. J. Ouvrier sculp.*, gr. in-f°.

7900. « Le maître de guitare ». *J. E. Schenau pinx. Cl. Duflos sculp.* Av. dédicace franç., gr. in-f°, avec marges.

7901. « Le retour désiré ». *J. E. Schenau pinx. Cl. Duflos sculp.* Av. dédicace franç., gr. in-f°, av. marges.

7902. Id. *J. E. Schenau pinx. Gravé par Hormañ de ad Guttenberg* («Collection amusante de diverses et plus fameuses Maitres »), in-f°, à grandes marges.

Schorn, G.

7903. Paysans italiens en prière. *G. Schorn pinx. Ernst Rauch sculp.* Imp. par H. Felsing. « L'Association rhénane des arts à ses membres, pour l'année 1840 ». Grav. sur acier, gr. in-f°, à gr. marges.

Schuler, J.

7904. Temple grec. Grav. au trait, in-12 obl., à toutes marges.

Tassaert, J.-J.-F.

7905. « Young enterrant sa fille ». *Dessiné par Lemire le jeune, gravé par J.-J.-F. Tassaert.* A Paris chez Jean, gr. in-f⁰ obl.

Vigneron.

7906. « Le dernier rendez-vous des braves ». Le Mˡ Lefebvre choisissant sa place dernʳᵉ auprès du Mˡ Masséna. *Vigneron del. Jazet sc.* Aquatinte, in-8⁰.

Voyez, N. J.

7907. « Les regrets. Gravure dédiée à La Nation ». *Par N. J. Voyez,* in-8⁰.

W. L. (?)

7908. Types russes. Eaux-fortes. *W.-L. 63.* 3 pl., in-8⁰, rognées et montées.

Wachsmouth, Jeremia.

7909. « Départ pour la chasse aux chiens chouchans ». *P. Wouvermens pinxit. Jeremia Wachsmouth sculpsit,* in-f⁰ obl., avec marges.

7910. « Les Chasseurs sortant de la forêt ». *P. Wouvermens pinxit, J. Wachsmouth sculpsit,* in-f⁰ obl.

Wolff, Jeremias.

7911. Villa italienne au bord de la mer. *Jer. Wolff exc.,* in-8⁰.

7912. La Sainte-Cène. Nielle du 15ᵉ siècle, p. in-12, montée.
7913. Les travaux des champs, etc. Grav. sur bois découpées d'un livre all. du 15ᵉ siècle. 9 pl., in-32.
7914. Le Char de la Force (?). Grav. sur bois du 16ᵉ siècle, gr. in-8⁰.
7915. La Mort de la Vierge. Grav. sur bois du 15ᵉ siècle, in-f⁰.
7916. La Décollation de saint Jean–Baptiste. Gravure sur bois ancienne, in-4⁰, montée.
7917. 24 feuillets de Schedel « *liber Chronicarum* », Nuremberg 1493, avec grav. sur bois, in-f⁰.

7918. Carte allég. d'Europe, formant une femme qui porte la couronne et tient le sceptre et le globe. Grav. sur bois, p. in-f⁰, montée.

7919. Grav. sur bois tirées de « *Catechismus, das ist Christliche Underweissung*, etc. Maintz Druckts Frantz Behem, 1553. Titre, 2 pl. in-f⁰ et 20 pl. p. in-4⁰.

7920. Grav. tirées d'un recueil du XVIIᵉ siècle à l'usage des étudiants (*Stambuch der jungen Gesellen*, etc. In Verlegung Ludwig Kunings von Basel, 1617). 8 pl., in-8⁰ obl.

7921. — Id. 4 pl., in-8⁰ et in-12 obl.

7922. « A la Levrette. Suderie maistre coutellier à Langre... » Carte d'adresse. Réimp. Sur Holl., à grandes marges.

7923. « Monument consacré à la postérité en mémoire de la folie incroyable de la XX année du XVIII siècle », gr. in-4⁰ obl.

7924. « La pharmacie rustique ou représentation exacte de l'intérieur de la chambre où Michel Schuppach... tient ses consultations ». *Dessiné d'après nature par G. Locher en 1774. Gravé à Basle par Barthélémy Hübner en 1775.* Reprod. photogr., gr. in-4⁰.

7925. « Carte de visite du jour de l'an 1784 » (Rumpler de Rorbach). Av. explication de la carte. Grav. p. in-12 obl., sur un feuillet in-8⁰.

7926. Frontispices de morceaux de musique de J. Pleyel et J. Haydn. Grav. sur cuivre et eaux-fortes. 1 pl. gr. in-4⁰ et 2 pl. p. in-4⁰.

7927. « La Contre-Révolution ». Grav. satirique, gr. in-f⁰ obl.

7928. « Prends mon Poste... Viens! Sauve la Patrie!!! ». Allég. : Du tombeau de Hoche sort une main montrant le nom d'Augereau, p. in-f⁰ obl.

7929. « Carte gastronomique de la France ». *Tourcaty del. et sculp.*, gr. in-f⁰ obl.

7930. Certificats d'ouvriers, passeports (Gesellenbrief). Ville de Carlsruhe. Avec vues et encadr. *F. Wolff sc. Mannh. N. Contgen sc. Mog.* 2 pl. in-f⁰ obl. et 4 pl. gr. in-f⁰ obl., à toutes marges.

7931. — Villes diverses, avec vues. Franckfurt (2 pièces), Hanau, Heidelberg (2), Mannheim (2), Wien, Sᵗ. Gallen, 9 pl. gr. in-f⁰ obl.

7932. Livret d'ouvrier délivré à un serrurier le 19 mars 1810 par le maire de Mayence. Av. vue de Mayence. *P. Rücker sculp. 1807*, in-8°, cart.

7933. « Le roi et la charte ». La charte constitutionnelle de 1814 formant la tête de Louis XVIII. *Bouisson inv. et scrip. Gravé par A. Pelicier.* A Paris, chez Vilquin, in-f°, à toutes marges.

7934. « Affaire des assassins du sieur Fualdès ». Plan de Rodez. *Gravé par Ambroise Tardieu,* in-f°.

7935. — « Intérieur de la maison Bancal à Rhodez ». *Fortier sculp.,* gr. in-4° obl.

7936. Sancta Barbara. Sancta Elisabeth. D'après Holbein. Av. encadr. filets bronze, gr. in-f°, à grandes marges.

7937. « Thorwaldsen's Bas relief im Quirinal; Alexanders des grossen Einzug in Babylon ». Grav. au trait. 2 pl. et feuille de texte, gr. in-f° obl.

7938. « Recueil des dessins de tapis, tapisseries et autres objets d'ameublement exécutés dans la manufacture de M. Chenavard à Paris ». *Dessiné et gravé par Chenavard* (1 pl. *J. J. Leroy sc.*). 37 pl. Un vol., gr. in-f°, demi-rel. veau.

7939. « Orfèvrerie, bijouteries, nielle, armoiries et objets d'arts divers recueillis, composés, dessinés et lithographiés par *Jules Peyre* ». Imp. Lemercier, Paris. Titre et 48 pl., in-f°, avec couverture.

7940. Gravures div. 14 pl. de form. div.

7941. Vignettes de fabriques de tabacs d'Amsterdam et Coblence. Grav. sur bois, in-12, sur feuilles et cornets. 5 pièces.

7942. Reprod. et fac-similés d'anc. grav. Photogr., lith., chromolith. Grav. sur bois, etc. 32 pièces, de form. div.

7943. « Holbein's Alphabet mit dem Todtentanz in getreuen Nach-bildungen nach dem im Dresdener Kupferstich-Cabinet auf-bewahrten Originale ». Göttingen, H. Lœdel. Grav. sur bois. 1 feuille, in-f° obl.

7944. Lettres ornées div. Grav. sur bo's et sur cuivre, etc. 22 pièces de form. div.

7945. Chevaux d'après Carle et Horace Vernet. Scènes diverses. *Levachez, L. J. Allais sculp.* Aquatintes, 3 pl. in-f° obl. et 1 pl. gr. in-f obl.

7946. « Étude de cheval anglais au trot. *Dessinée par H. Vernet et gravée par Augustin Legrand.* Grav. à la manière du crayon, gr. in-4°. Déchirures au bas.

7947. Chevaux d'après Carle Vernet. Lith. G. Engelmann et lith. *F. Delpech.* 6 pl., in-f° et gr. in-f° obl., et 1 pl. in-8° obl.

7948. « Maringo ». Cheval par *V. Adam.* Lith. de Engelmann, in-f° obl.

7949. « Magnanimité du roi ». Rapp et Louis XVIII. A Paris chez Blaisot. Lith. de Langlumé, p. in-f°.

7950. « Métamorphoses du Jour. Cour S^t. Jean 4 Septembre 1830 ». Charge. Lith., gr. in-4°.

7951. Alphabet par *H. Daumier.* Chez Arnaut de Vresse, Paris. Lith. color. sur bande, cart.

7952. Caricatures politiques par *H. Daumier,* etc. « Liberté de la presse. Enfoncé Lafayette. Dieu ai-je aimé cet être-là. Voyez Messieurs et Dames. Élévation de la poire. Départ de volontaires pour la défense du sérail ». Lith. tirées de « la *Lithographie mensuelle, la Caricature* », etc. 6 pl. in-f° obl. et gr. in-f° obl.

7953. « Rundappel im Deutschen Bundeslager während der Revolutionsnacht im Mærz 1848 ». Druck & Verlag von A. Weingärtner in Mainz. Lith., gr. in-4°.

7954. Freiheit! Gleichheit! Bruderliebe! Lith. C. Fasoli et Ohlman, p. in-f°.

7955. « Badische Haus-Tafel, n° 1 ». Lith., in-f° obl., avec marges.

7956. Épisodes de la révolution de 1848, dans le grand-duché de Bade. Lith. de Fr. Wentzel à Wissembourg. 4 pl., in-f° obl.

7957. Portraits de Robert Blum, Fürst v. Windischgrætz, Gal J. Bem, Baron v. Jellachich, Wrangel, Ledru-Rollin. Lith. de Fr. Wentzel à Wissembourg. 6 pl. in-f°, à gr. marges.

7958. « Ein Todtentanz aus dem Jahre 1848 ». Erfunden und gezeichnet von *Alfred Rethel,* mit erklärendem Text von R. Reinick. Leipzig. 4 Aufl. Grav. sur bois. 6 pl. av. titre et feuille de texte, in-f° obl.

7959. Types de danseurs. *E. H. 48.* Lith., gr. in-f° obl. Déchirure.

7960. Allusion au coup d'État de Napoléon III. *E. Carrière.* Lith., in-f° obl.

7961. L'Arioste et les brigands. *Mauraisse pinx. C. Bazin del.* Lith., gr. in-f° obl.

7962. Statue de la Ville de Strasbourg, sur la place de la Concorde à Paris. *Lith. par Aug. Wittmann* (Pl. de l'« *Album alsacien* »), gr. in-4°.

7963. — Et div. vignettes. Clichés de MM. Laurent et de Berny, graveurs et fondeurs de caractères à Paris, 1 feuille, in-f°.

7964. « La surprise ». Soldats français surpris par une patrouille all. dans la cour d'une ferme alsacienne. Lith. J. Hesse, imprimeur. Internationale Buchhg. Strassb., gr. in-f° obl.

7965. Caricatures allemandes sur la guerre de 1870. Lith. 5 feuilles in-4° et 1 feuille gr. in-f°.

7966. Basler-Carneval 1891. Bogen I & II. *K. Janslin 1891.* Lith. Müller-Schmid, Bâle. 2 feuilles gr. in-f° obl.

EX-LIBRIS.

Ex-libris lorrains.

7967. Antoine. Dans un encadr. rect., en 2 lignes : « Dom. Antoine, Religieux-Bénédictin ». Typ., 22 : 58.

7968. Arbois, d'. Dans un encadr. rect., en 3 lignes : « De la Bibliothèque de M^r d'Arbois ». Typ., 38 : 61.

7969. Bellevoye, A. Dans un encadr. rect., dans une couronne de feuilles, la cathédrale de Metz ; au-dessus, sur une pancarte en 4 lignes : « Bibliothèque Adolphe Bellevoye de Metz », 68 : 55.

7970. Benoit, A. Dans un cartouche surmonté de livres, en 3 lignes : « Liber in Pœnis » ; au-dessous les lettres « A. B. » entrelacées, 76 : 59. W. 171.

7971. — Dans un paysage, un enfant sciant un bloc de pierre sur lequel est écrit en 2 lignes : « Ex Libris A. Benoit », au-dessous « avec le temps ». *A. B. del.* Zinc, 54 : 80. W. 170. En noir.

7972. — Id., en brun.

7973. — Id., en noir sur papier jaune.

7974. — Id. *A. B. del. lith.* Lith. Épreuve.

7975. — Dans un encadr. rect., un ange tenant un écusson ; au-dessous, sur une banderolle : « Ex libris Arthur Benoit Lothar. » Lith. Béha, Metz ». Lith., 100 : 65.

7976. Benoit, A. Dans un encadr. rect., en 3 lignes : «Bibliotheca Saargoviana Berthelming ». Typ., 24 : 59. W. 167.

7977. — Id., autre encadr.

7978. — Id., autre encadr.

7979. Benoit, A.-L. Dans un encadr. rect., en 4 lignes : « Ex Libris A. L. Benoit». Typ., 57 : 25.

7980. — Id., autre encadr.

7981. — Une Lorraine appuyée sur un écusson ovale, portant en 6 lignes : «Bibliothèque A. L. Benoit Berthelming 1846 Saargovienne ». Lith., noir sur papier gris, 65 : 42. W. 166.

7982. — Id., bleu sur blanc.

7983. Benoit, L. Un écusson accosté d'une dame et d'un gentilhomme en costume du 16e siècle; au-dessous, sur une banderolle : «Ex Libris L. Benoit». *H. C.* Lith., 108 : 78. W. 169.

7984. Dans un encadr. rect., un monogramme formé des lettres «B. E. N. O. J. T.»; au-dessus, sur une banderolle : «Avec le temps». *Agaus Bouvenne Inv. Sculp. 83* ». Eau-forte, à grandes marges. 91 : 68.

7985. Bretagne, A. Les 2 faces d'une monnaie romaine sur un cartouche portant une inscription latine, par-dessus une banderolle avec en 2 lignes : « A. Bretagne, Directeur des Contributions directes, Nancy». *A. de Feriet del. H. Christophe exc. J. Grandjean sc.*, 65 : 80.

7986. Bouteillier, G. de. Le nom soutenu par des amours. *C. E. Matthis.* Photolith., 130 : 89.

7987. Caffarelli, Ch.-A. Les Armoiries; au-dessous, en 3 lignes : «De la Bibliothèque de M. Ch. Amb. Caffarelli No», 116 : 60.

7988. Chartener, G. Dans un encadr. rect., les armoiries; au-dessous, sur une banderolle : «Bibliothèque de Mr G. Chartener». *A. B.*, 48 : 39.

7989. Darolles, E. Dans un encadr. ovale, une tête antique; au-dessous, en 4 lignes : « Cela est bien, cela est bon : celà me plaist (Rabelais). Ex Lib. E. Darolles. (E. Dalles-H. Danay)», 74 : 55.

7990. Dupreaux. Dans un encadr. rect. : « Dupreaux, pharmacien, A Bitche »; au-dessous, écrit à la main, en 5 lignes : «Souvenir d'un père aussi affligé que reconnaissant à son jeune ami Billier, pour les services rendus à son fils », 35 : 60.

7991. Fériet, de. Dans un encadr. ovale, les armoiries; au-desso us, sur une banderolle : « De Fériet », 60:51.

7992. Finot. Dans un encadr. rect.: « Finot ». Impr. par g abarrit, 33:53.

7993. Germain, L. Dans un encadr. rect., une vue d'une partie du Musée lorrain dans la lettre G. Au-dessous, en 2 lignes : « Léon Germain, Nancy ». *A. de Fériet inv. et del. T. Nouvian sculp.* Lith., 108:82.

7994. Gœury. Dans un encadr. rect. : « Gœury ». Typ., 21:37.

7995. Harmand, J. P. de Montgarny. Les armoiries sur un cartouche avec inscription. Calque, 76:88.

7996. Kuhn, H. Sur une colonne entourée d'objets religieux en 10 lignes : « Ex Libris D. Dr Herm. Kuhn Lixheimensis par de Brouderdorf ». Monogr. *A..B.* Lith., 72:59.

7997. — Id., papier gris.

7998. Lançon. Les Armoiries; au-dessous en 2 lignes : « Lançon Me Eschevin de Metz ». Reprod. lith., 98:80.

7999. La Roche, J. de. Dans un encadr. ovale, les armoiries; autour : « Jaques·de·la·Roche·Chanoine de Verdun. Reprod. 51:40.

8000. La Sauvagère, F. de. Dans un encadr. rect., les armoiries; au-dessous, en 4 lignes : « Ex Libris Felicis De La Sauvagère Ingeniarii Præfecti Munimeatorum Insularum Belinsulæ », 75:60.

8001. Lavergne, L.-E. de. Les armoiries; au-dessous, en 2 lignes : « De la bibliothèque de Mr Louis Elisabet de Lavergne, comte de Tressan », 100:80.

8002. Lefèvre. Les armoiries, 40:37.

8003. Lorraine. Les armoiries. *Levy.* Lith. sur Chine, 120:83.

8004. Maïence. En 3 lignes: « Maïence, curé de Dieuze ». Typ., 25:50.

8005. Martigni, N. Dans un encadr. rect., les armoiries; au-dessus, en 2 lignes : « Nicolaus Martigni Consil. et Elemos. Reg. Canon. et Archid. de Marsall Q. Offic. et Vicari General ». Reprod. lith., 79:51.

8006. Metz. Chapitre. Dans un encadr. rect., les armoiries entourées d'une couronne de laurier. Fer., 46:40.

8007. Metz. Ville. Dans un encadr. rect., en 5 lignes : « Donné à la Bibliothèque de la ville de Metz par Mme veuve Poncelet En mémoire du général Poncelet 1868 ». Lith., 42:70.

8008. Metz. Ville. Id. «Donné... par Mme veuve Warin En mémoire du docteur Warin 1870», 42 : 70.

8009. — Id. Dans un encadr. carré, en 5 lignes : «Donné à la Bibliothèque de Metz par le Gouvernement le... 18...», 58 : 82.

8010. — Id. Id. «Donné... par M^r... le...18», 58 : 82.

8011. — Id. Dans un encadr. ovale, les armoiries; au-dessus : « Stadt-Bibliothek »; au-dessous : « Metz ». Timbre humide, 29 : 18.

8012. (Meulin, M.). Dans un encadr. ovale, une sirène tenant une lampe, 115 : 88.

8013. (M)orellet, A. Dans une couronne entourée de feuillages, les lettres « A. M. » entrelacées, 24 : 42.

801 4. Nancy. Dans un encadr. circulaire un chardon; au-dessus : «Bibliothèque publique »; au-dessous : «Nancy ». Timbre humide, diam. 22.

8015. Nassé, C. Dans un encadr. rect., les armoiries dans un cartouche; au-dessous, en 2 lignes : « Claudius Nassé pastor Balzeacus »; *jonveaux F*. Reprod., 89 : 69.

8016. Pierson, Ch. Dans un encadr. rect., en 4 lignes : « Bibliothèque de M. Ch. Pierson, avocat ». Typ., 55 : 73.

8017. (Piliers des). Les armoiries couronnées et supportées par 2 aigles. Bois, 70 : 68.

8018. Riston, A. Dans un cartouche posé sur des livres les lettres « A. R. » entrelacées; au-dessous : «Bibliotecque de Mr Riston », 90 : 75.

8019. Rœderer. Les armoiries sur un manteau; au-dessous : «Bibliothèque de M^r Rœderer », 44 : 47.

8020. Rouillon. Dans un cartouche les armoiries, en 3 lignes : « A. Mr Rouillon, conseiller au Parlement de Metz ». Reprod. lith., 66 : 80.

8021. Saucerotte, N.-A. Dans un encadr. rect., en 2 lignes : «Ex Libris N. A. Saucerotte ». Typ., 20 : 48.

8022. Thouvenin. Dans un cartouche surmonté d'un coq, les lettres « T et S? » entrelacées; au-dessous, en 3 lignes : « Biblioth. de M. Thouvenin, Cons^r du Roy, son Avocat Procureur au Bailliage de Lixheim ». *A Nancy par Collin graveur du feu Roy de Pol. 1769*», 83 : 62.

Ex-libris divers.

8023. Bachofen von Echt, Adolfine. Armoiries. *E. D. 1891.* Photolithogr., 87 : 68.

8024. Beroldingen, C. de. Armoiries, 94 : 65. Lith., W. 182.

8025. Boutourlin, D. Armoiries. *Stolls f.*, 98 : 65.

8026. (Brandenburg, Hilprand). De la bibliothèque de la Chartreuse de Buxheim. Armoiries portées par un ange. Le plus ancien ex-libris connu (1480 environ). Grav. sur bois color. 68 : 64. W. 245.

8027. Carson, T. W. Armoiries, 124 : 82.

8028. Cauville, P. de. Armoiries. *Stern*, 69 : 54.

8029. Christophorus Abbt. Armoiries dans un encadr. rect. Au bas sur une banderolle : « Christophorus Abbt ». Note à la plume : «Monrii Ochsenhusani 1694». Grav. sur bois, 117 : 64.

8030. D., M. H. Armoiries. Daté 1600, 49 : 35.

8031. Daum, A. von. Armoiries, 101 : 72. W. 370.

8032. Didelot, J. B. Rébus, 67 : 45.

8033. F., M. A. J. Armoiries, 83 : 55.

8034. Fontanieu, G.-M. de. 3 Amours; au-dessous, armoiries. *Boucher f.* 140 : 90.

8035. Fribourg. « Domus sapientiæ Friburg 1756 », 72 : 55. W. 553.

8036. Gambetta, L. Allégorie. Eau-forte, 121 : 85.

8037. Hagenbach, F.-C. Armoiries. *J. A. Fridich fe.*, 98 : 62.

8038. (Hildburghausen, Bibl. duc.). Monogr., 115 : 73. W. 847.

8039. (Holzschuher). Armoiries, 82 : 75.

8040. K. G. M. v. K. Armoiries, *J. L. Stahl del. et fec.*, 110 : 87.

8041. Kobes, D. G. E. Armoiries, 64 : 66. W. 1024.

8042. La Cropte de Bourzac, de. Armoiries, 96 : 61.

8043. Lazius, Wolfgang, Prof. à Vienne, 1540. Armoiries, 210 : 118.

8044. Leiningen, K.-E., Cte de. Armoiries, 86 : 64. W. 1123.

8045. — — Chevalier, 94 : 67. W. 1124.

8046. — E., P^ce de, Chevalier, 95 : 68. W. 1125.

8047. — J., Ctesse de. Armoiries, 96 : 60. W. 1126.

8048. Ludewig, J.-P. de. Armoiries, 209 : 152. W. 1207. Déchirures.

8049. Menagius, Ae. Armoiries. Reproduit dans A. Poulet-Malassis « *Les Ex-libris français* », 112 : 71.

8050. M(érimée), P. Monogramme. Dessin de *Viollet-le-Duc.*, 22 : 19. Dernier exempl. de P. M·, dont la biblioth. fut incendiée par la Commune.

8051. (Munich). Académie des Sciences. Armoiries, 87 : 77. W. 1351.

8052. — Biblioth. de l'État. *1618.* Armoiries, 172 : 130. W. 1371.

8053. — Id. Armoiries, 73 : 43. W. 1374.

8054. — Id. Armoiries, 225 : 140. W. 1376.

8055. — Id. *1746.* Armoiries, 118 : 78. W. 1377.

8056. — — *C. F. Holtzmann fe.* Encadr., 82 : 51.

8057. Perrault, F. Portrait. *1764. le Tillier inv...* 146 : 83.

8058. P(raroman), A. de. *1660.* Armoiries, 73 : 62.

8059. — de. *1782. Schueler.* Armoiries, 122 : 75.

8060. R., C. *1672.* Armoiries, *f. Grassanter,* 90 : 55.

8061. S., P. Armoiries, 102 : 75.

8062. St-George, T. B. Armoiries, 98 : 83.

8063. Salm, S., Cte de. Encadr. et armoiries, 60 : 85.

8064. Schröder, G. Armoiries, 44 : 34. W. 1967.

8065. Serans, Cte de. Armoiries, 90 : 77.

8066. Stolberg, C.-E., Cte de. Armoiries, 67 : 90. W. 2116.

8067. Thiery, C.-E. Sujets divers. Eaux-fortes. 21 pièces.

8068. Trend, C.-J. Armoiries et médaillons, 168 : 135. W. 2212.

8069. — Id., 116 : 80. W. 2213.

8070. Uffenbach, Z.-C. de. Biblioth., 82 : 100. W. 2239.

8071. Valle, M. de. *1613.* Allégories et armoiries, 153 : 100.

8072. (Valori). Armoiries. *F. B. inv.,* 104 : 73.

8073. Vesvrotte, R., Cte de. *J. B. Scotin.* Armoiries, 93 : 69.

8074. Warnecke, F. Armoiries 100 : 71. W. 2377.

8075. Wiener, L. Objets divers. Eau-forte, 90 : 74.

8076. Winckelmann, A. Armoiries 102 : 72. W. 2427.

8077. W(urttemberg). O(els) C. C. E. Duc de. Armoiries, 84 : 102. W. 2524.

8078. 20 Ex-libris (G. d'A, A. Andrée, L. Arrigoni, Aufsess (reprod.), G.-Th. Beck, F.-A. Bemus, le même, Berryer, F. de Besenval, *1789.* P.-Ph. Bethmann, Béthune-Charost, v. Bismarck, H. van den Block, R.-H. Blosset, le même, Boucherot du Fey (reprod.), Boulongne, de Bourgevin, P. Boyveau-Laffecteur, F.-A. de Brunswick-Oels).

8079. 20 Ex-libris (Bresse, Broglie, O.-F. von Buchwald, F. C., F. Cellarius, *1816*, de Chavaudon, Christiana, (de Corbières), du Crest de Villeneuve, D. de Crignis, C. D., idem, Deker, L. Delattre, G.-M. Deplace, Deu, J.-F. Dugniolle, H. C. E., C.-F. Eberhard, Erlangen-Université).

8080. 20 Ex-libris (d'Estournel, A. Fabre, G. Fairholme, F. Favre, J.-C. Feuerlein, idem, Fixher, de Fortia, le même, (Foucher), B.-H. de Fourcy, François de Neuchateau, F. Freudenreich, J.-J. de R. Frey, A.-J. Fugger, idem, de Galard, F. S. Gerster, J.-J. Gissler, Glanfrin).

8081. 20 Ex-Libris (Glenbervie, de Grancey, A. Greuser, idem, idem, Guizot, E. Gulston, le même, R. V. G. V. H., A. H., P. V. H., F. Hafner, C. A. A. v. Hagn, E. Hailstone, Hart, C. von Hausen, idem, le même, d'Héricourt, [Hesse]).

8082. 20 Ex-libris (Ph. von Hellersdorf, (Saxe Hilburghausen, reprod.), Hiller von Gærtringen, S. Hœgger, (Hoheneck), H. L. Holland, idem, L.-P. d'Hozier, reprod., J.-J. Huber, G. J., E. Jacobsen, O. J(ahn), Th. de Jonghe, J. K., W. Th., J.-C.-J. Kaul, R. Kennedy, S. K(ercher), reprod., idem reprod., Th. Knorr).

8083. 20 Ex-libris (J. v. Kranach, F. A. L., D.-C. de Labastie, Labat, de Laforce, F. de Lagotellerie, idem, F. de Lagrange, Ledru, J. Leidinger, H. Le Fort, Le Gal, D.-D. Le Tellier de Courtauvaux, Litta, H.-R. Lloyd, Lœil, Frater Marinus, J. M. de Lœn, (Lovelace), Ludwig, de Luynes).

8084. 20 Ex-libris (E. M., F. M., F. L. F. M., J. M., P. de Malden de la Bastille, G. Mantin, Marescalchi, Martin, L.-J. Martin, W. Marriott, D.-C.-G. de Menilglaise, J. Merlet, E. Meyer, A.-J. Mignot, Mirbach, A. de Montgomery, Monmerqué, (Morel-Fatio), (Mortot), von der Mülinen).

8085. 20 Ex-libris (von der Mülinen, idem, M.-F.-J. Müller, (Naville). C. Neyrat, J. Newling, (Noblat), J.-J. von Otten, *1783*, M. Pagenstecher, (Ville de Paris) *Oblin, graveur du Roi, etc.*, Académie de médecine de Paris, J. Pearson, E. Petit, Playoult, (Poix), B. Quaritch, J. G. V. R., F. von Reiboldt, *1816*, J. F. du Resnel, [R. v. Retberg]).

8086. 20 Ex libris (J. Rigaud, A.-J. de Rohan, du Rosier de Magnieu, H. du Rosnel, J. de Rougé, A. Royer, E. de

Rozière, R. de Ruffey, S., de Salva, Schlegel von Gottleben,
A.-G. Schneider, idem, S. Scott, D.-F. Secousse, P. Sedille,
S. Sharp, J.-S. Smith, Sobolewski, le même.)

8087. 28 Ex-libris (Spire, évêché de, de Stedmann, C. St(eiger),
(Steiger), M. Stein, Dr Strousberg, A. Szerlecki, C. A. T.,
W. Tennant, F. Theremin, W.-R. Thompson, Tidon,
Tours, Oratoire de, *C. E. Thiéry, sculps.*, F.-L. von Vari-
court, de Vaudreuil, A. de Vaudreuil, F.-G. Venetz, J. Verres,
A.-E. Vicars, P.-R. Vogel, C. W., W. Walter, (Warenghien),
F. W(arnecke) reprod., G.-H. Weiv, Willi, Zurich.)

Ex-libris inconnus.

8088. Monogrammes, 3 pièces. Sujets divers, 18 pièces. Armoiries,
44 pièces. Ens. 65 pièces diverses (quelques-uns signés :
*F. M. La Care, Sibelius, Schellenberg 1796, J. Le Jeunne
1751*).

Vignettes diverses.

8089. Marques de libraires, cachets et timbres de bibliothèques.
19 pièces.

Ex-libris douteux.

8090. 21 pièces. Grav. lith., etc.

LIVRES.

A. OUVRAGES SUR LA LORRAINE.

8091. Bellemare. Les entretiens de Nancy ou le troupeau sans pasteur. Paris, 1834, br., in-8°, n. r.

8092. Benoit, Arthur. Bernard le calligraphe lorrain. Extrait. Nancy,
1875, br., in-8°.

8093. — M. de Couvonge de la maison de Stainville. Extrait. Nancy.
1875, br., in-8°.

8094. — Le prince de Lambesc aux Tuileries (12 juillet 1789). Metz,
1881, br., in-8°.

8095. — Recherches sur les monuments en bronze, à partir du
XIVe siècle. Extrait. Paris, 1886, br., gr. in-8°.

8096. Benoît, Arthur. Les portraits des députés du Barrois et du Verdunois à l'Assemblée nationale de 1789. Extrait. Bar-le-Duc, 1888, br., in-8º.

8097. — Notes sur la famille de Claude Gellée, sur le village de Chamagne et sur quelques artistes vosgiens. Extrait. Épinal, 1890, br., in-8º.

8098. — Joachim de Sandrart. Étude sur Claude Gellée et sur son séjour à Rome. Avec portrait lith. de Cl. G. (*G. Save del.*). Extrait. Pap. de Holl. Saint-Dié, 1880, br., gr. in-4º, n. r.

8099. Bericht Was wegen Der Metz-Tull- und Verduhnischen Lehen-Sachen bisshero vorgangen... Regenspurg, 1670, br., in-4º.

8100. Blau. Notice historique sur Stanislas-le-Bienfaisant, depuis la violation de sa sépulture jusqu'à l'inauguration de sa statue. Paris, Nancy, 1831, br., in-8º.

8101. Catalogue des principaux livres, manuscrits, monnaies, médailles, etc., provenant des collections lorraines de M. Noël. Nancy, 1858, br., in-8º.

8102. Clément, J.-N. La Bresse et ses environs. Nancy 1888, br., in-8º.

8103. Delard, Guill.-Aug. Notice sur le château de Lunéville. Extrait. Paris, 1850, br., in-8º.

8104. Édit du Roy (Stanislas), portant imposition sur les cartes à joüer. Du 11 novembre 1751. Nancy, s, d., br., in-4º.

8105. Géométrie pratique à l'usage de Messeigneurs les Princes de Lorraine. En l'année mil sept cens dix neuf. Manuscrit d'une très belle écriture. Avec 27 pl. à l'encre et au lavis, se dépliant. Vol. rel. anc. veau brun, dos orné, filet sur les plats, in-fº, à tr. gr. marges.

8106. Lepage, Henri, et Grosjean, N. Annuaire administratif, statistique, historique, judiciaire et commercial de Meurthe-et-Moselle. 1882. 60º année. Nancy. Demi-rel., p. in-8º.

8107. Lepage, Henri. Le général Drouot. 2º édition. Nancy, 1847, br., in-8º.

8108. Maire, X. Notice biographique sur le général Drouot. Extrait. Saint-Nicolas-du-Port, 1847, br., in-8º.

8109. Grande cantate, ou dithyrambe lyrique, pour la fête d'inauguration de la statue du général Drouot à Nancy, le 17 juin 1855. Nancy, s. d. 4 p. in-4º. — Ordre du cortège pour la cérémonie de l'inauguration de la statue du général Drouot. Nancy, s. d. 1 f. in-4º.

8110. Remontrances de la Cour souveraine (de Lorraine et du Barrois) au roi, présentées à Sa Majesté le 2 janvier 1755. Nancy, 1765, br., in-8º.

8111. Table chronologique des édits, déclarations, lettres patentes et arrêts du Conseil, registrés au Parlement de Metz depuis sa création jusqu'en 1740. Metz, 1740. —Suite de la Table chronologique, etc. Metz, 1769. Vol. cart., in-4º.

B. HISTOIRE.

8112. Abbate, W. Bonaparte et l'Institut d'Égypte. Extrait du Bulletin de l'Institut égyptien, année 1889. Avec 4 portraits lith. Le Caire, 1890, br. in-8º.

8113. Annalles et Chroniques du Pais de Laval et parties circonvoisines, de 1480 à 1537... jadis composées par feu maistre Guillaume le Doyen... publiées par H. Godbert. Avec notes et éclaircissements de L. la Beaulère. Avec 1 vue grav. sur bois. Laval, 1858, br., in-8º.

8114. Bonaparte, Napoléon Louis C. (Napoléon III). Politische und militärische Betrachtungen über die Schweiz. Trad. du français. Zürich, 1833, br., in-8º.

8115. Comment on manœuvre contre les Prussiens. Campagne de l'Insurrection allemande en 1849. Par un Alsacien. Paris, 1873, br., p. in-8º.

8116. Du Chesne, Françoys. Histoire de l'estat dv Pais-Bas et de la religion d'Espagne. A S. Marie, 1558. Reproduction mod , autographie, le titre réimprimé d'après l'original, br., in-8º.

8117. Durdent, J.-R. Beautés de l'histoire du Portugal. Paris, 1816. Rel. veau pl., dos orné, filet et armes de Strasbourg sur les plats, in-8º.

8118. Heinzen, K. Einige Blicke auf die badisch-pfälzische Revolution. Bern, 1849, br., in-8º.

8119. Loyens, Hubertus. Brevis et succincta Synopsis rerum maxime memorabilium bello et pace gestarum ab Serenissimis Lotharingiæ, Brabantiæ et Limburgi ducibus... Avec 16 portraits gravés sur cuivre (légende en français). Bruxelles, 1672. Vol., in-4º.

8120. Maimbourg, Louis. Traité historique de l'établissement et des prérogatives de l'Église de Rome et de ses evesques. Avec 2 vignettes gravées. Paris, 1865. Vol. rel. anc. veau br., dos orné, in-4°.

8121. Das Manifest des letzten Kœnigs Jacobi II... Zusamt der Antwort. Aus dem Englischen in die Frantzösische, und auss dieser in die Teutsche Sprache übersetzet. Londen (*sic*), 1697, br., in-4°.

8122. Mémoire des députés de Francfort à la Convention nationale, au sujet de la reprise de cette ville par les troupes allemandes. Paris, 1793, br., in-8°.

8123. Muller, Paul. Les finances de l'Empire d'Allemagne. Extrait. Paris, 1887, br., gr. in-8°.

8124. Oldenburger, Philipp-Andreas. Thesauri rerum publicarum pars quarta, continens Imperium Romano–germanicum... in Itinerario Germaniæ Politico... Genevæ, 1675. Rel. veau br., in-8°.

8125. Parrot, Henri. Montfaucon et ses souvenirs. Paris, 1863, br., gr. in-8°.

8126. Souvenir de la Suisse. Avec vignette. Berne (1871), br., in-8°.

8127. Victor, Pierre. Napoléon et les Mayençais. Souvenirs de l'Empire. Paris, 1858, br., gr. in-8°.

C. BIOGRAPHIE.

8128. La vie de Pierre Abeillard, abbé de S. Gildas de Ruis... et celle d'Héloïse son épouse, première abbesse du Paraclet. T. I. II. Paris, 1720. 2 vol., rel. anc. veau br., dos orné, p. in-8°.

8129. La vie de Dam^elle Antoinette Bourignon. Écrite par elle-même... Amsterdam, 1683. Vol. cart., p. in-8°.

8130. Inauguration du monument Cuvier ou Précis historique de la cérémonie du 23 août 1835. Avec une lithogr. Montbéliard, s. d. Cart., in-8°.

8131. Vie du roi Louis XVI. Paris, 1790, br., in-8°.

8132. Caboche, Charles. Mémoires de Marguerite de Valois, première femme de Henri IV. Avec notes biographiques et littéraires. Paris, 1860. Demi-rel. mar. vert, dos orné, in-8°.

8133. Muhl, Georg. Denkwürdigkeiten aus dem Leben des Freiherrn C. R. von Schäffer. Avec portrait et deux plans. Pforzheim, 1840, cart., in-8°.

8134. Mausoleum V. Cl. Jo. Ottonis Taboris J. C. Avec un frontispice et 13 pl. gravées. Ratisbonæ, 1674, br., in-4°.

D. GÉOGRAPHIE.

8135. Becht. Beschreibung von Rastatt. Rastatt, 1832, br., p. in-8°.

8136. Castelnau, Francis de. Renseignements sur l'Afrique centrale et sur une nation d'hommes à queue qui s'y trouverait. Avec 4 lith. Paris, 1851, br., in-8°.

8137. Daireaux, Émile. République Argentine, La province de Santa-Fé. Extrait. Paris, 1888, br. in-8°.

8138. Description des beautés de Gênes et de ses environs. Avec un plan et 18 planches. Gênes, 1781. Demi-rel. veau, dos orné, in-8°.

8139. Expilly. Le Géographe Manuel. Nouvelle édit. Avec 6 cartes. Paris, 1765. Rel. veau br., dos orné, in-12.

8140. Guide to the Tower of London. Avec gravures sur bois. London, 1884, br., p. in-8°.

8141. Hugo, A. France pittoresque. Description pittoresque, topographique et statistique des départements et colonies de la France. Avec nombreuses cartes, vues et portraits grav. T. I à III. Paris, 1835. 3 vol., demi-rel. veau vert, dos orné, gr. in-8°.

8142. Monconys, Balthasar de. Ungemeine und sehr curieuse Beschreibung Seiner In Asien und das gelobte Land, nach Portugall, Spanien, Italien, in Engelland, die Niederlande und Teutschland gethanen Reisen... übersetzt von M. Christian Juncker. Avec nombreuses planches. Leipzig und Augspurg, 1697. Rel. mod. parch. pl., fers sp. R., in-4°. Bel exemplaire.

8143. Niemeyer, August Hermann. Beobachtungen auf einer Deportationsreise nach Frankreich im Jahr 1807. Avec pl. Halle, 1824. Demi-rel., in-8°.

8144. Pauthier, G. Le livre de Marco Polo, citoyen de Venise, publié pour la première fois. Avec vue et carte. T. I et II. Paris, 1865. 2 vol. gr. in-8°, n. c., n. r. Bel exemplaire.

E. LITTÉRATURE.

8145. Beaunoir, Mad^me de. Fanfan et Colas ou les frères de lait, comédie en un acte et en prose. Paris, 1784, br., in-8°.

8146. Cramer, Carl-Gottlob. Das Jäger Mädchen. Theil I. II. Avec 2 vignettes. Arnstadt, 1798. 2 vol. cart. in-12 (De la bibliothèque de B. Zix, avec son ex-libris).

8147. Crébillon, P.-J. de. Pyrrhus, tragédie. Nouvelle édition. Paris 1745, br., in-8°.

8148. Crébillon, Cl.-P.-J. de (fils). Contes dialogués, avec une Notice bio-bibliographique par Octave Uzanne. Avec portrait et vignettes à l'eau-forte. Papier de Holl. Paris, 1879. Vol. br., in-8°, n. r.

8149. Dante. L'Enfer mis en vieux langage françois et en vers, accompagné du texte italien et contenant des Notes et un Glossaire, par E. Littré. Paris, 1879. Vol. br., in-8°.

8150. Dinaux, Arthur. Les Sociétés badines, bachiques, littéraires et chantantes. Revu et classé par M. Gustave Brunet. I. II. Avec portr gravé à l'eau-forte. Paris, 1867. 2 vol., br., gr. in-8°.

8151. Epicteti Enchiridium una cum Cebetis Thebani tabula Græc. et Lat. Abrahamus Berkelius recensuit... Avec frontispice et une pl. grav., se dépliant. Delphis Batavorum, 1683. Vol. rel. anc. parch. pl., fil. et chiffre or les plats, in-8°. Bel exemplaire.

8152. Fontanelle. Nouvelle traduction des Métamorphoses d'Ovide. T. I. II. Avec 2 portraits, titres et 15 pl. gravées sur cuivre. Paris, 1767. 2 vol. rel. anc. veau marbré, dos orné, in-8°.

8153. Frischlin, Nicodemus. Vom Leben, Raisen, Wanderschafften und zuständ, Des Grossen S. Christoffels... Avec une gravure sur bois sur le titre. S. l. 1591. Demi-rel. mod. parch. avec coins, in-12 (Rare.)

8154. Gellert, C.-F. Sämmtliche Fabeln und Erzählungen in drei Büchern, mit dem Leben des Dichters von E. C. Langlecker. Berlin, 1838, cart., in-8°.

8155. Gœthe. Das Tagebuch. 1810. 3te Aufl. Karlsbad, 1880 (Papier de Holl.), br., p. in-8°.

8156. Le dernier jour de Dioclétien. Tragédie chrétienne (représen-
tée au collège des Jésuites, à Metz, le 22 juin 1859). Metz,
1859, br., in-8º.

8157. Le mari sentimental, ou le mariage comme il y en a quelques-
uns. Lettres d'un Homme du Pays de Vaud, écrites en
178... S. l., 1783, cart., p. in-8º.

8158. Massias, C. Légendes de Bade. Paris, 1851, br., in-8º.

8159. Troyes, Nicolas de. Le grand Parangon des nouvelles nouvelles. Publié d'après le manuscrit original par Émile Ma-
bille. Paris, 1869. Rel. perc. rouge, p. in-8º.

8160. Usteri, Johann-Martin. Dichtungen. Herausgegeben von David
Hess. Th. 1—3. Leipzig, 1877. Vol. rel. mar. r., in-8º.

8161. Villiers, P. Douze Fables. Paris, 1829. Demi-rel. veau vert, dos
orné, in-8º.

F. BIBLIOGRAPHIE.

8162. Connaissances nécessaires à un bibliophile. 2ᵉ édition, revue,
corrigée et augmentée (Pap. vélin). Paris, 1878, p. in-8º.

8163. Dysiewicz. Essai sur l'origine de l'écriture Runique. Extrait.
Épinal, 1837, br., in-8º.

8164. Fagan, Louis. Collector's Marks. With Frontispiece by the
Author (Portrait du comte d'Arundel. *Louis Fagan del.*).
Avec 27 pl. d'ex-libris. London, 1883, Vol. rel. mod. parch.
pl., filets or sur les plats, tr. sup . d'or, in-4º.

8165. Ferchl, Franz Maria. Uebersicht der Incunabeln-Sammlung
der Lithographie und der übrigen Senefelder'schen Erfin-
dungen... Avec frontispice et 2 grandes pl. lithogr. München
1856, br., in-8º.

8166. Lempertz, Heinrich. Beiträge zur älteren Geschichte der Buch-
druck- und Holzschneidekunst. Heft I. Avec frontispice,
4 pl. et plusieurs grav. sur bois dans le texte. Zweite ver-
mehrte Auflage. Kœln, 1839, cart., tr. dor., in-4º.

8167. — Même ouvrage, même édition, br., in-4º. n. r.

8168. Nodier, Charles. Bibliographie entomologique ou catalogue
raisonné des ouvrages relatifs à l'Entomologie et aux in-
sectes. Paris, an IX (1801).

8169. Poulet-Malassis, A. Les Ex-libris français, depuis leur origine
jusqu'à nos jours. Nouvelle édition, revue et très augmen-

tée. Avec 24 pl. gravées (Pap. de Holl. Ex-libris de Ferd. Reiber sur f. de papier du Japon, ajouté). Paris, 1875. Demi-rel. mar. vert, avec coins, dos orné, fil. or sur les plats, très gr. in-8º, à toutes marges. Vol. de luxe.

8170. **Schwartz, Christian-Gottl.** De ornamentis librorum apud veteres visitatis. Disputatio prima. Altorf, 1705. — Disputatio altera. Avec 1 pl. gravée. Alt., 1706. — **Kazaverus, Christoph.-Steph.** Disputatio tertia. Alt., 1711. — **Huth, Phil.-Lud.** Disputatio de ornamentis codicvm vetervm. Avec 2 pl. grav. Alt. 1733, br., couverture papier or, in-4º.

8171. **Stroth, Frid.-Andr.** Lectiones nonnvllas Codicis græci veteris Testamenti qvi in bibliotheca S. Marci Venetiis asservatvr recenset... Diss. Halæ Saxonum, 1775, br., in-4º.

8172. **Vesin, Ch.-Fr.** Traité d'obscurigraphie ou Art de déchiffrer ou traduire... toutes les écritures... Paris, 1838, br., in-8º.

8173. **Warren, J.-Leicester.** A Guide to the study of book-plates (Ex-libris). Avec frontispice et 15 pl. gravées. London, 1880. Rel. perc. br., in-8º. Bel exemplaire.

G. ART ET ARCHÉOLOGE.

8174. **Alcan aîné.** Les graveurs de portraits en France. Catalogue raisonné de la collection d'Ambroise Firmin-Didot. Avec portr. photogr. Paris, 1879, br., gr. in-8º.

8175. **Catalogue** des objets contenus dans la galerie du Muséum français. (Paris), s. d. (179. ?), br., in-8º.

8176. **Heitzmann, Johann.** Portraits-Catalog. Verzeichniss aller Portraits, welche in Deutschland erschienen sind. Mit Einschluss... ausländischer Portraits. München, 1858. Vol. br., gr. in-8º.

8177. **Marggraff, Rodolphe.** Catalogue des tableaux de l'ancienne Pinacothèque Royale de Munich. Nouvelle édition avec suppléments. Munich, s. d., br., p. in-8º.

8178. **Nieupoort, G.-H.** Rituum, qui olim apud Romanos obtinuerunt, succincta explicatio. Editio nova. Avec frontispice et 11 pl. gravées. Lugduni Batavorum, 1802. Rel. anc. parch. pl., dos orné, fil. et armoiries or sur les plats, in-8º. Bel exemplaire.

8179. Palissy, Bernard. Discours admirable de l'art de terre, de son vtilité, des Esmaux et du Feu... Réimpression mod. (Pap. vergé). Genève 1863, br., p. in-8°, n. r.

8180. Rosenberg, Marc. Der Hochaltar im Münster zu Alt-Breisach, nebst einer Einleitung zur Baugeschichte des Münsters... Avec 5 pl. lith. et photolith. S. l. n. d., br., gr. in-8°.

8181. Rost, C.-C.-H. Handbuch für Kunstliebhaber und Sammler über die vornehmsten Kupferstecher und ihre Werke. I., II. Band. Avec monogrammes. Zürich, 1796. 1 vol., cart.' in-12.

8182. Verzeichniss aller Chodowieckischen Kupferstiche. Manuscrit du 18e siècle, br., in-f° en hauteur.

8183. Verzeichniss der Gemælde in der Neuen Königlichen Pinakothek zu München. München, 1877, br., in-12.

8184. Viollet-Le-Duc. L'architecture française. Conférence. Paris, 1877, br., in-16.

H. SCIENCES.

8185. Béchamp, A., et Saintpierre, C. Étude chimique des matières glaireuses déposées dans les eaux de Molitg (Pyrénées-Orientales). Montpellier, 1861, br., in-8°.

8186. Gronovius, Joh.-Frid. Pisces Belgii seu Piscium in Belgio natantium et a se observatorum catalogus plagiuri (Ex Actis Upsaliens ad a. 1740). S. l. n. d., br., in-4°.

8187. Parmentier. Examen chymique des pommes de terre. Dans lequel on traite des parties constituantes du bled. Paris, 1773. (Autographe de l'auteur collé au verso du titre et table des matières manuscrite). Demi-rel. veau, p. in-8°.

8188. Reverdin, Auguste. Voyage chirurgical à Copenhague et en Allemagne. Seconde édition. Genève, 1885, br., in-8°.

8189. Stiebel. Ricket's Rhachitis oder Rachitis. Avec 1 pl. lith. Erlangen, 1863, br., in-8°.

8190. Valentinius, Fr.-Basilius. Conclusiones oder Schluss-Reden Aller Seiner Schriften und Tractaten. Vom Schwefel, Vitriol und Magneten. S. l., 1711, br., p. in-8°.

8191. Notices historiques, médicales, etc., sur les établissements de bains suivants : France : Aulus, Bagnères de Bigorre, Bondonneau (2), Condillac, Contrexéville (2), Mont-Dore, Orezza,

Plombières (2), Pouques, Sail-les-Chateaumorand, Vals (3) et Vergèze. 17 pièces, cart. ou broch., in-8°.

8192. Notices historiques, médicales, etc., sur les établissements de bains suivants: Suisse : Abendberg, Schinznach (2), Schœnfels. 4 pièces, br., in-8°.

8193. — Bade : Baden (2), Griesbach, Langenbrücken, Pétersthal, Rippoldsau (6), Weierbach (2), Wolfach (2). 15 pièces, br., in-8° et in-12.

8194. — Bavière : Bamberg (2), Dürckheim, Heilbrunn, Kissingen (2), Krankenheil, Kreuth. 8 p , cart. ou br., in-8°.

8195. — Nassau : Ems, Nassau, Niederselters, Schlangenbad, Schwalbach (2), Weilbach. 7 pièces, cart. ou br., in-8°.

8196. — Prusse, etc. : Friedrichshall, Hombourg (2), Kreuznach (3), Nierstein. 7 pièces, cart. ou br., in-8° et in-12. — Bohême : Marienbad, Püllna. 2 pièces, br., in-8°.

8197. — Wurtemberg : Berg, Cannstatt (2), Mergentheim, Niedernau, Stuttgart (2), Wildbad. 8 pièces, br., in-8° et in-16.

I. CURIOSITÉS LITTÉRAIRES.

8198. Alciatus Andreas. Emblemata. Cum Claudii Minois Commentariis. Postrema editio. Avec plus de 200 grav. dans le texte. Lugduni, 1614. A la suite : Notæ posteriores ad Alciati emblemata per Cl. Minoem. Editio vltima. Lugduni, 1614. Vol. cart., p. in-8°.

8199. Bonivard, François. Advis et devis des lengues. Traité de philologie composé en 1563. Réimpression mod. Paris, Genève, 1849, br., gr. in-8°.

8200. Jamsthaler, Herbrandt. Viatorivm Spagyricvm. Das ist : Ein Gebenedeyter Spagyrischer Wegweiser in den edlen Sonnengarten der Hesperidum zu kommen... in einem Historico-Poetischen Discurs... verfast... Avec nombreuses grav. sur cuivre dans le texte. Frankfurt am Mayn, 1625. Vol. rel. anc. parch. pl., p. in-8° (Curieux.)

8201. La Vray disant Aduocate des Dames. Se vend à Paris. Réimpression mod. S. l. n. d. (Pap. de Holl.), br., gr. in-8°, n. r.

J. DIVERS.

8202. Amaranthes. Nutzbares, galantes und curiöses Frauenzimmer-
Lexicon... (titre de 36 lignes). Avec frontispice gravé sur
cuivre et 16 pl. relatives au service de la table. Leipzig,
1715 (Dictionnaire universel, historique, biographique, éco-
nomique, culinaire, etc., etc.). Fort vol. rel. anc. parch. pl.,
dos orné, fil. et ornem. sur les plats, in-8º (Curieux.)

8203. Beschreibung der Fresken in der Neuen Trinkhalle zu Baden.
Dritte verm. Aufl. Baden, s. d., br., in-8º.

8204. C***. Cours gastronomique, ou les diners de Manant-Ville, Ouvrage Anecdotique, Philosophique et Littéraire. Second e
édition, dédiée à la Société Épicurienne du Caveau moderne
séante au Rocher de Cancalle. Paris, 1809. Vol. br., in-8º.

8205. Ceremoniel Der Weiss-Becker. Frontisp ice gravé avec les armoiries des boulangers. Leipzig, 1716. Rel. anc. parch. pl., p. in-8º.

8206. Jahn, G.-W.-F. Jahrbuch zur Erläuterung der Denkwürdigkeiten des schönen Geschlechts. Avec silhouette de Sophie
de La Roche. 1 Bd. Kehl, 1783, br., p. in-8º, n. r.

8207. Knaust, Heinrich. Gerichtlicher Fewerzeugk, oder Erstes
A B C und Lehrbüchlin aller Gerichtlichen Ordnung, Pro .
cess und Sachen... Frankfort am Mayn, 1568. Vol. rel. anc
veau pl., p. in-8º.

8208. Köhler, Paul. Die Verjudung Deutschlands und der Weg zur
Rettung. Stettin, 1880, br., in-8º.

8209. Leander, Charlotte. Gründliche Anweisung zur Kunst-Stricke-
rei für Schul- und Hausgebrauch. Heft 1—12. Avec 176 fig.
et pl. Erfurt, 1843. Vol. cart. in-12.

8210. Lévy, Simon. Discours sur la condition et les devoirs de la
femme israélite. Bordeaux, 1869, br., in-8º.

8211. Marforio. Kurtze Beschreibung Des zum theil liederlichen
Lebens und Wandels Derer... Dienst-Mägde. — Bescheidene
Vertheidigung Derer Mägde. — Der Unbescheidene Mägde-
Verfechter. — Avec 2 grav. sur cuivre. S. l. n. d., br., p. in-8º.

8212. Erschröckliche und nicht bald erhörte grausame Mord-Thaten
So sich zwischen... Johann Christoph Nessel von Löwen-
feld und seinem Ehe-Gemahl... verübet zugetragen... Avec
frontispice gravé in-4º obl. S. l., 1687, br., in-4º.

8213. Penelope. Taschenbuch für das Jahr 1824. Herausgegeben von Theodor Hell. Avec 8 grav. sur acier. Leipzig, s. d. Cart., tr. dor., in-12.

8214. — Idem, année 1842. Avec 3 grav. sur acier. Leipzig, s. d. Cart ᶜ tr. dor., dans un étui, p. in-8º.

8215. Récit authentique des plus importantes circonstances de la vie de deux rabbins allemands, MM. Sélig et Mendel, traduit de l'allemand. Toulouse, 1833, br., in-8º.

8216. Scheid, Jacob. Glossarium arabico-latinum manuale maximam partem e lexico Goliano excerptum. Lugduni Batavorum, 1769. Vol. cart., gr. in-4º, n. r.

8217. La Science du Maître d'Hôtel confiseur, à l'usage des officiers. Avec des observations sur la connoissance et les propriétés des fruits... Nouvelle édition, revue et corrigée. Avec 4 pl. grav., se dépliant. Paris, 1776. Vol. rel. anc. veau br., dos orné, tr. rouge, p. in-8º.

8218. Taschenbuch für die Erhaltung u. Verbesserung der Schönheit. Stuttgart, 1804, br., in-8º.

8219. Ullmann, L. Der Koran. Aus dem Arabischen wortgetreu neu übersetzt und mit erläuternden Anmerkungen versehen. 5ᵉ éd. Bielefeld, 1865. Demi-rel. veau, p. in-8º.

8220. Vorabend der achtzigsten Geburtstagsfeier Göthe's. Seinen Verehrern. S. l. n. d., br., in-8º.

8221. Zusammenkünfte in den Elysäischen Feldern. Zwischen letzt verstorbenen hohen Häuptern, Fürsten, Kriegshelden, Gelehrten und andern berühmten Männern. Ein Denkmal des achtzehnten Jahrhunderts. S. l , 1787, cart., p. in-8º.

8222. לובדן ברית הדשה צלפי חמשית Le Nouveau Testament, texte hébraïque. Londres, s. d. Vol. rel. veau br., estampé sur les plats, gr. in-8º.

8223. Manuels des métiers, etc. : Brodeur (2 pl.). — Brasserie (5 pl.). — Cardier (1 pl.). — Cartier (6 pl.). — Écriture (16 pl.). — Fonderie en caractères d'imprimerie (8 pl.). — Papeterie 14 pl.). — Relieur (6 pl.). 8 fascicules avec 58 pl. in-fº.

8224. Fragment d'un missel du 14ᵉ siècle ; 2 pages écrites en rouge et en noir, avec une très grande initiale peinte (larg. 3o c., haut. 23 c.). Feuille de parchemin in-fº max.

RELIURES.

8225. Almanach Royal, année commune 1789, présenté à Sa Majesté pour la première fois en 1699, par Laurent d'Houry, éditeur. Avec la carte de France, par d'Anville. Paris, s. d. Vol., reliure ancienne, veau rouge pl., dos orné aux armes de la comtesse Dubarry, filets sur les plats, dent. intér., tr. dorée, in-8°.

8226. Fleury, abbé. Mœurs des Israélites et des Chrétiens. Nouvelle édition. Paris, 1766. Vol., rel. anc. veau brun pl., dos orné, armoiries sur les plats, tr. r., p. in-8°.

8227. Fontanier, V. Voyages en Orient, entrepris par ordre du gouvernement français, de l'année 1821 à l'année 1829. Turquie d'Asie. Avec une grande carte et 8 pl. lith. Paris, 1829. Vol. demi-reliure veau brun, dos orné, au chiffre de Louis-Philippe, in-8°.

8228. Goldhagen, P.-Hermann S. J. Rhetorica explicata et applicata ad eloquentiam civilem et ecclesiasticam... Mannheim, 1753. Vol., rel. anc. veau br. pl., ornements avec armoiries sur les plats, in-8°.

8229. Legouvé (Gabriel). Le Mérite des Femmes et autres Poésies. Avec 5 grav. sur acier (*Devéria del.*). Paris, s. d. Vol. rel. mod. veau violet pl., mosaïques et ornements or sur le dos et les deux côtés des plats, gardes en moire rouge, tr. dor. (Dranner, relieur à Strasbourg), in 8°. Vol. de luxe.

8230. L'Office de la Semaine sainte à l'usage de la Maison du Roy... Avec les cérémonies de l'Église. Nouvelle édition. Avec frontispice, titre-front et 4 autres pl. grav. Paris, 1727. Vol. rel. anc. veau rouge pl., dos orné aux fleurs de lys, encadr. et armes de France sur les plats, tr. dor., in-8°. Bel. exemplaire, très frais.

8231. Père D'Orléans, Pierre-Joseph, S. J. Histoire des Révolutions d'Angleterre depuis le commencement de la monarchie. Avec 1 carte et 7 portraits grav. Tome Ier. Paris, 1724. Vol. rel. anc. veau br. pl., dos orné et armes de la marquise de Pompadour sur les plats, tr. r., p. in-8°.

8232. Recueil des honneurs militaires qui doivent être rendus aux Princes du sang, etc. Extrait tant du code militaire... que de l'ordonnance de 1768 et de celle de la marine de 1765. Manuscrit de l'époque, avec le timbre de la bibliothèque de la Reine, Palais-Royal. Rel. anc. veau rouge pl., dos orné, encadr. or. sur les plats, dent. intér., tr. dor., in-12.

8233. Wagner, Franciscus S.-J., Compendiaria Methodus addiscendi tres præcipuas latinæ linguæ virtutes, puritatem, elegantiam et copiam... Dilingæ. 1736. Rel. anc. veau br. pl., dos orné, armoiries sur les plats, in-12.

8234. Reliure du milieu du 17ᵉ siècle. Veau rouge pl., dos orné, encadr. sur les plats, avec les armes du surintendant Nicolas Fouquet, dent. intér. Le dos porte le titre : « Recvi des svbstitvts », in-4º.

TABLE DES MATIÈRES

ESTAMPES

LIVRES

9 782329 501208